창조적 영감에 관하여

추천의 글

·

산만한 사람들이여, 모두 모여라. 여기 우리들의 교과서가 등장했다. 왜 그렇게 하나에 집중하지 못하냐고, 왜 그렇게 산만하냐고 꾸짖는 사람들에게 이 책을 보여주자. 우리는 집중을 강요하는 시대에 맞서 싸우며 산만할 수 있는 자유를 획득하는 중이라고 말해주자. 저자는 우아하고 설득력 있게 산만한 사람들을 대변하고 있다. 키르케고르, 세르반테스, 루소, 바틀비, 수전 손태그, 로런스 스턴 등 온갖 유명한 인물들을 동원해서 산만한 인물들이 얼마나 창의적일 수 있는지 보여준다. 큰 걸림돌이 하나 있긴 하다. 책에 인용된 문장은 아름답고, 저자의 비유와 표현도 시적이어서 꿈꾸듯 책을 읽게 되는데, 우리처럼 산만한 사람들이 과연 끝까지 읽어낼 수 있을지 모르겠다. (솔직히 저자의 글쓰기 스타일도 몹시 산만하다.) 책을 끝까지 다 읽지 못하면 또 어떤가. 때로는 집중하며 읽는 책보다 흩어지는 생각을 쫓아다니면서 배회하듯 읽는 책이 더 오래 기억에 남기도 한다. 그러니 산만한 사람들이여, 이 책을 끝까지 읽을 생각은 하지 말고 이 책처럼 살아가길, 더욱 산만하게 세상을 누리고 무한한 가능성을 예감하며 내일을 기대하길. 만약 이 책을 끝까지 다 읽는다면, 내일부터 당신은 더욱 산만해지고 싶을 것이다.

김중혁 | 소설가

많은 창조적인 사상은 우리가 머리를 잔뜩 긴장하면서 어떤 일에 집중할 때가 아니라 머리에게 쉴 틈을 줄 때 생겨난다. 그것들은 우리가 산책하면서 주위의 풍경을 즐길 때나, 멍하니 황혼이나 밤하늘의 별을 바라볼 때 불현듯 솟아난다. 영원회귀사상이 니체를 엄습했을 때도 니체가 스위스의 한 호숫가를 산책할 때였다. 니체는 스위스와 이탈리아의 아름다운 풍광을 즐기면서 끊임없이 산책했고 산책을 하면서 떠오르는 생각들을 기록에 담았다. 니체는 이렇게 한가로이 산책하면서 얻은 생각들이야말로 가치 있는 것들이라고 말했다.

『창조적 영감에 관하여』는 이 책의 원제목 'The Plenitude of Distraction'이 시사하듯이 산만함에 깃들어 있는 풍요로움에 관한 책이다. 사람들은 흔히 집중력 결핍은 걱정하지만 집중력 과잉에 대해서는 우려하지 않는다. 그러나 창의적이고 풍요로운 사유를 위해서는 기억 못지않게 망각이 필요하듯이, 집중력 못지않게 산만함이 필요하다. 모든 것을 기억할 때 우리는 기억의 무게에 짓눌려 창의적인 사유를 할 수 없게 된다. 이와 마찬가지로 어떤 일에 지나치게 몰두할 때 우리의 머리에는 창의석인 생각이 들어올 틈이 없게 된다. 이 책은 집중력만이 예찬되고 산만함은 무시되는 오늘날, 철학과 예술, 생물학과 역사를 종횡무진으로 오고 가면서 산만함의 중요성을 환기하는 경이로운 책이다. 집중하는 데 지친 사람들에게 느긋한 마음으로 이 책을 읽어 볼 것을 권한다.

박찬국 | 서울대학교 철학과 교수

한때, 그림을 그리는 일이 무용하다고 생각했다. 왜 이렇게나 소용없는 일을 붙잡는 걸까? 그런 고민을 하던 내게, 한 시인 친구가 이렇게 말했다. "나도 종종 쓰는 일이 무엇을 할 수 있나 생각해. 너처럼 누군가도 그런 마음과 다투고 있다는 이야기를 해주고 싶어. 그리고 사실 나는 너를 보며 쉼을 얻고 영감도 얻어." 그 위로의 문장을 오래도록 잊고 살다가, 이 책을 읽으며 간신히 기억해 냈다. 그래, 삶은 원래 비선형의 걸음으로 이루어진 것이다. 모두들 직선으로 달리라고만 하지. 흔들림이 우리의 일인데, 그것을 괜찮다 말해주는 이는 없다. 똑바로 걷느라 지친 당신에게 이 책을 건넨다. 흔들림조차 우리의 찬란한 삶의 자욱이다. 인생이 아름다운 이유는 이 흔들림에 있다고 믿는다.

이연 | 드로잉 크리에이터, 『매일을 헤엄치는 법』 작가

창의 노동자로서 나의 하루는 발상으로 가득 차 있다. 집중과 몰입만이 살길이라며 컴퓨터 앞에 하염없이 앉아 있자면 허옇게 펼쳐진 빈 화면이 담벼락같이 막막하게 느껴진다. 언젠가부터 그럴 때마다 운동화를 꿰신고 바깥을 걷다 오곤 했다. 처음엔 그저 속이 답답해 책상을 탈주한 것이었는데, 도무지 떠오르지 않던 생각들이 동네 어귀마다 발에 채는 것이 신기했다. 기분만 전환된 것이 아니라 생각도 고개를 돌렸고, 새로운 시선의 끝엔 새로운 아이디어가 자리했다. 이 책을 읽고 나는 내 방식에 확신을 갖게 됐다. 저자는 말하고 있다. 우리의 정신을 목적지로 직행하도록 채찍질하는 것보다, 벌판에 풀어둘 때 더 근사한 생각이 떠오른다고. 우리의 모든 딴짓은 답 없는 도피가 아니라 생각을 다른 각도로 조망하기 위한 방략이라고. 영혼의 숨통이 트이는 값진 조언이었다. 발상이 업인 동료들이여, 생각이 벽에 막힐 땐 생각을 산책시키자. 우리의 생각은 사방을 쏘다닌 끝에 주머니가 볼록해져 돌아올 것이다.

루나파크 홍인혜 | 카피라이터, 만화가, 시인

THE PLENITUDE OF DISTRACTION

© Sequence Press, 2017

All Rights Reserved.

Korean translation rights arranged with Éditions Flammarion through ALICE Agency, Seoul.

Korean translation © 2025 by Dasan Books Co., Ltd.

이 책의 한국어판 저작권은 앨리스에이전시를 통한
저작권사와의 독점 계약으로 (주)다산북스에 있습니다.
저작권법에 의해 한국 내에서 보호를 받는 저작물이므로
무단 전재와 복제를 금합니다.

창조적 영감에 관하여

천천히 사유할 때 얻는 진정한 통찰의 기쁨

The Plenitude of Distraction

머리나 밴줄렌 지음 | 박효은 옮김

&

시몽과 스테판에게

친애하는 한국 독자들에게

제 책이 한국에서 번역되어 출간된다고 하니 무척 기쁘고 영광입니다. 먼저 이 책이 세상에 나오게 된 계기에 대해 이야기해볼까 합니다.

몇 해 전, 저는 '게으름과 산만함의 중요성'을 주제로 한 강의를 개설하고자 했습니다. 저는 이 강의에서 성공에 지나치게 집착하고, 과정보다 결과를 중시하는 삶의 방식을 학생들과 함께 성찰해보고 싶었습니다. 아울러 성과 지향적인 사고가 우리 삶에 미치는 부정적인 영향에 대해서도 토론하고 싶었습니다.

수강 신청 기간 동안 많은 학생이 제 연구실을 찾아왔습니다. 그들은 이 강의에 흥미를 느끼면서도, 미래에 별 도움이 되지 않는다는 이유로 부모님이 수강을 탐탁지 않게 여기신다고 털어놓았습니다. 어떤 학생들은 조심스럽게 강의 제목을 바꿀 수 없겠느냐고 묻기도 했습니다. '게으름에 보내는 찬사' 대신 '노동 윤리 철학' 같은 제목이라면 부모님도 납득하실 것 같다고 하면서요. 저는 끝내 강의 제목을 바꾸지 않았습니다. 그러나 자신의 내면을 들여다보거나 '무위의 시간'을 성찰하는 일이 대학 강의의 주제로 적합한 것인지를 고민하던 학생들의 모습은 제 머릿속을 떠나지 않았습니다.

그때 저는 왜 이 일을 하고 있는지 다시금 깨닫게 되었습니다. 저는 학생들이 일상에서 무심코 지나치는 것들을 되돌아보고, 당장에는 쓸모없어 보이는 생각들을 소중히 여길 수 있기를 바랐습니다. 예술이나 시, 철학이 그저 자기만족에 지나지 않는 시간 낭비가 아니라, 오히려 그 반대임을 그들에게 알려주고 싶었습니다.

저를 찾아왔던 한 학생이 떠오릅니다. 그는 오래전부터 시를 읽고 싶어 했지만, ADHD로 인해 여덟 살 때부터 약을 복용했고, 그 때문에 늘 과도한 집중 상태에 놓이게 되었다고 고백했습니다. 그는 정신의 산만함, 말하자면 예술을 즐길 만한 여유를 스스로에게 허락하지 못하는 자신을 책망했습니다.

성과와 결과에 지나치게 얽매인 탓에 삶을 느긋하게 관조할 여유를 가져본 적이 없었던 것이지요. 그 학생과의 대화는 오래도록 제 마음에 남았고, 결국 저는 이 책을 쓰기로 마음먹었습니다.

제 강의를 들었던 대부분의 학생은 비슷한 고민을 안고 있었습니다. 저는 그들과 함께 게임이나 틱톡을 할 때 느끼는 산만함과는 본질적으로 다른, '유익한 산만함'이라는 개념을 만들어 냈습니다. 강의가 끝나갈 무렵, 몇몇 학생들은 스마트폰을 멀리하고 싶다고, 아니 인터넷이라는 것이 애초에 세상에 존재하지 않았더라면 더 좋았을 것 같다고 말하기도 했습니다.

저는 과도하게 집중하는 학생들에게 때로는 모호하고 산만한 상태가 오히려 이로울 수 있다는 사실을 일깨워주고 싶었습니다. 우리는 흔히 집중력이 부족하다거나 산만하다고 자책하지만, 진화의 관점에서 보면 인간은 본래 온전히 집중할 수 없는 존재입니다. 먹이와 거처를 마련하기 위해 온 정신을 집중해야 생존할 수 있는 영장류 동물들과 달리, 인간은 사회적 활동을 하고, 타인의 이야기를 듣고, 관계를 맺고, 예술을 창조하고, 노동하며, 때로는 이 모든 것을 동시에 할 수 있도록

'산만함'이라는 능력을 발전시키는 방향으로 진화해 왔습니다. 이 책에서 여러분은 뜻밖의 사실들을 발견하게 될 것입니다. 일례로 찰스 다윈은 과학 연구에만 지나치게 몰두한 나머지, 셰익스피어의 작품을 읽거나 음악을 감상하며 여유를 즐기는 법을 잊고 말았습니다. 어떤 목표를 향해 나아가는 일이 아니라면 정신을 집중하지 못하고 쉬이 지루함을 느꼈던 탓이지요. 다윈은 이를 자신의 삶에서 가장 후회하는 일로 꼽았습니다. 반면 니체는 하릴없이 자연 속을 거닐 때 가장 위대한 사유를 할 수 있었고, 데이비드 흄은 보드게임을 하다가 가장 중요한 철학적 통찰을 얻을 수 있었다고 말했습니다. 산만함을 정신의 충만함으로 받아들일 수 있다면 우리는 강박에서, 나아가 독선에서 벗어날 수 있을 것입니다. 또한 일상 속의 사소한 실수들을 보다 너그럽게 받아들이고 가볍게 털어낼 수 있을 것입니다. 목표에만 집착한 나머지, 그 과정에 깃는 순간순간의 아름다움을 지나쳐 버린다면 우리 삶은 너무나 무의미해질 것입니다. 이 작은 책을 읽으며 여러분이 일상에서 마주하는 소소한 기적들에 다시금 눈을 뜰 수 있기를 바라봅니다.

차례

추천의 글 · 2

친애하는 한국 독자들에게 · 10

:

창조적 영감에 관하여 · 19

:

감사의 말 · 143

미주 · 145

사진 출처 · 157

충만함도 모자람도 아니리

그저 명멸하는 한 줄기 빛

시간에 지쳐 괴로워하는 얼굴들

흩어진 것들이 또다시 흩어진 것들을 불러와 흐트러진 그 얼굴들 위로…

· T. S. 엘리엇

사유나 지성이 한곳에 집중되지 않고 생각들이 머릿속에서 부유할 때, 프랑스인은 이를 몽상이라 한다. 그러나 영어에는 이를 표현할 만한 단어가 없다.

· 존 로크

작가는 사물을 유심히 살펴보는 일을 절대 겸연쩍어해서는 안 된다. 작가의 관심이 필요하지 않은 것은 아무것도 없으므로.

· 플래너리 오코너

지금으로부터 수십 년 전의 일이다. 미국에서 대학 입학을 앞두고 있던 나는 학교에서 통지서 한 장을 받았다. 영어 읽기 능력이 부족하니 속독 보충 수업에 참여하라는 통지서였다. 그러나 나는 크게 걱정하지 않았다. 어차피 내 모국어는 프랑스어였기에 노력만 하면 언어적 한계는 충분히 극복하리라 믿었기 때문이다.

이른 아침에 시작하는 보충 수업에서는 텍스트를 빠른 속도로 대강 훑어보고 최대한 많은 정보를 파악하는 방법을 배웠다. 그런데 나는 이 과정에서 한 가지 사실을 깨달았다. 내 문제는 집중하지 못하는 것이 아니라, 과정보다 결과를 중시하는 독서 문화를 받아들이지 못한다는 것이었다.

첫 수업 날 아침, 나를 포함해 100여 명의 학생이 널찍한 대강당에 모였다. 수업의 목표는 분명했다. 우리는 텍스트를 읽은 후 내용을 요약하고 그 논지를 제대로 이해했음을 보여주기 위해 구체적인 질문에 답해야 했다.

내 옆의 학우는 어찌나 말이 빠른지 읽는 속도가 더딜 것이라고는 상상하기 힘들 정도였는데, 한눈에 봐도 이 수업을 무척 마음에 들어 하는 듯했다. 그녀는 이 수업이 자신에게 매우 큰 도움이 되고 있으며 이제 막 한 가지 사실을 터득했노라고 말했다. 읽기란 한가로운 산책이 아니라 이해라는 목표에 도달하기 위한 질주와 같다는 것이었다. 그녀는 내 전공이 러시아 문학이라는 말을 듣고는 이제부터 톨스토이와 도스토옙스키를 빠른 속도로 읽을 수 있겠다며 마치 제 일처럼 기뻐했다.

그때만 해도 삶의 속도를 늦추고 어떤 음식을 먹고, 어떤 삶을 살지 고민하는 시간을 가져야 한다는, 이른바 '느리게 살기'라는 말은 존재하지도 않았다. 우리에게는 컴퓨터도 없었고 책의 가장 주요한 구절을 발췌해 '책 한 권을 단 10초 만에 파악할 수 있게' 해준다는 구글의 '파퓰러 패시지Popular passage'[1] 같은 프로그램은 감히 상상도 할 수 없었다.[2] 문학을 진정으로 사랑하는 이들이라면 구글의 프로그램도, 내가 대학에서 수강했던 속독 수업도 도무지 납득할 수가 없을 터다. 그럼에도 우리는 그 수업에서 소설이나 에세이에서 발췌한 수많은 텍스트를 읽고, 간결하고 직관적인 문장으로 핵심 주제를 짧게 요약해야 했다.[3]

현재 대학교수인 나는 예전 속독 수업에 대한 나쁜 기억을 까맣게 잊고 있었다. 게으름의 미덕을 철학적으로 접근해보는 수업을 계획하기 전까지 말이다. 새 학기의 시작을 하루 앞둔 어느 날, 한 학생이 조심스럽게 내 연구실 문을 두드렸다. 그러고는 이렇게 말했다. "교수님 저는 과학을 전공하고 있어요. 교수님 수업을 정말 듣고 싶은데, 현실적으로 아무 쓸모없는 이 수업을 듣는다고 부모님께 말씀드릴 수가 없어요."

이 학생은 유치원 시절부터 모든 분야에서 우수한 성적을 받아야 한다는 부모님의 압박을 받아왔다고 내게 토로했다.

바이올린도, 중국어도 그녀가 하는 모든 방과 후 활동은 명문 대학에 진학하기 위한 하나의 방편에 불과했다. 그녀의 집에서 게으름은 금기였다. 나는 그녀에게 T. S. 엘리엇의 시 『사중주 네 편』을 보여주려다 그만두었다.

◊

충만함도 모자람도 아니리

그저 명멸하는 한 줄기 빛

시간에 지쳐 괴로워하는 얼굴들

흩어진 것들이 또다시 흩어진 것들을 불러와 흐트러진 그 얼굴들 위로…[4]

우리는 함께 강의계획서를 훑어보았다. 그녀는 '몽상'이라는 단어를 보고는 이런 주제를 학문적으로 다룰 수 있다니 하며 피식 웃었다. '게으름'은 또 어떤가? 이것을 대체 어떻게 정당화할 수 있다는 말인가? 그러다 그녀는 '산만함'이라는 주제에 이르러서는 참을 수 없다는 듯

킥킥거렸다. 산만함이라니, 이것이야말로 우리 시대의 골칫거리가 아니던가? 산만함은 약이나 책 같은 온갖 비책을 총동원해 싸워야 하는 집중력의 적이 아니던가? 산만함은 곧 게으름의 다른 이름이 아니던가? 그녀의 집에서 빈둥대는 짓은 절대 용납되지 않았으니 말이다.

그녀는 내게 이 수업을 청강할 수 있게 해달라고 부탁했다. 그녀의 이야기를 듣고 나는 내 강의실을 휩싸고 있는 학생들의 고민을 짐작할 수 있었다. 그리고 게으름을 주제로 한 수업을 시작하면서 학생들 대다수가 왜 이 수업을 신청했는지 확실하게 알 수 있었다. 소위 '공부 잘하는 약'이라 불리는 애더럴이나 리탈린에 손을 대는 많은 학생이 말하길, 집중력을 높여준다는 그런 약들이 과제와 시험에서 좋은 결과를 내는 데 도움을 주기는 하지만, 동시에 '만족 지연'을 통해 맛볼 수 있는 기쁨과 지적 성취감을 앗아가 버린다고 털어놓았다.

학생들은 소설과 시에서 말하는 '한가로운 시간'도, 여름방학 때조차 느껴본 적이 없는 권태의 개념도 알지 못했다. 의도한 바는 아니었지만, 이 수업은 성공 지향적인 사회 분위기나 미디어, 또는 현대 기술이 앗아가 버린 느낌의 미학을 다시 성찰해 볼 수 있는 계기를 마련해 주었다.

우리는 게으름의 미덕과 악덕, 몽상의 기쁨과 함정, 그리고 노동에서 요구되는 성실성이라는 필요악을 진지하게 들여다보았다. 그리고 우리의 토론은 최근 중요한 화두로 떠오르고 있지만 여전히 모호한 주제인 산만함의 문제로 귀결되었다. 그렇기에 산만함에 대해 써 내려간 이 글은 내 수업에 참여했던 바드대학과 프리스턴대학교 학생들에게 큰 빚을 지고 있다. 게으름에 대한 수업이 산만함을 어떤 시선으로 바라보고 어떻게 다룰 것인가에 대한 성찰의 시간이 될 수 있었던 것은 모두 그들 덕분이다.

◊

더는 버틸 수 없을 것 같았다. 한 시간 내내 나는 죽을 만큼 지루했고, 몸을 비비 꼬기 시작했다. 왓슨 부인은 내게 쉬지 않고 말했다. "허클베리, 그 위에 발 올리지 말아라!" "허클베리, 그렇게 구부정하게 있지 말고 똑바로 서 있어라!" 그러고는 또 이렇게 말했다. "그렇게 하품하고 기지개 좀 켜지 말고! 너는 대체 가만히 있지를 못하는구나?"

· 마크 트웨인, 『허클베리 핀의 모험』

같은 대상에 오랫동안 집중하지 못하거나 여유롭고 한가한 시간을 권태롭게 느끼는 정신의 산만함을 지금은 쉽사리 주의력 결핍 장애(또는 주의력 결핍 과잉 행동 장애, ADHD)로 치부한다. 하지만 과거에는 이를 향정신성 의약품을 처방받아야 하는 질병이나 학부모 상담이 필요한 문제로 여기지 않았다.

오늘날 정신적 문제로 여겨지는 주의력 결핍을 존 로크와

장 자크 루소는 '몽상'이라 칭했다. 또한 미국 철학자 윌리엄 제임스는 다양한 인지 요소를 결합하는 이른바 '비선형적 사고'는 우리 삶을 방해하기보다 오히려 더 많은 가능성을 열어준다고 역설했다.

과거에는 산만하게 이런저런 생각을 한다고 해서 핀잔을 듣는 일이 거의 없었다. 길을 잘못 들거나 지갑을 잃어버리는 일 따위는 적어도 문학의 세계에서는 대개 걱정거리라기보다 웃어 넘길 수 있는 일이었다. 예컨대 키르케고르는 산만함을 우리를 둘러싼 세계의 다양한 면면을 즐거운 마음으로 섬세하게 감지하는 일이라며 예찬했다. 베르그송은 산만함이란 우리의 인식을 날카롭게 벼릴 수 있는 도구라고 말했다. 프루스트는 앞만 보고 곧장 나아갈 때가 아니라 이리저리 방황하고 헤맬 때 비로소 깊은 깨달음을 얻을 수 있었노라고 고백했다.

그러나 이런 산만함의 가치들은 시간이 흐르며 서서히

자취를 감추었다. '집중력이 흐트러지지 않게 하라.' '디지털 기기가 유발할 수 있는 정신적 문제를 경계하라.' 산만함은 지속적으로 가해지는 이런 경고들을 견디다 못해 결국 사라지고 말았다.

오늘날 어떤 이들은 멀쩡한 정신을 갖고 있으면서도 무기력해지고 산만해지는 것을 염려하며 구태여 의사를 찾아가 뇌 MRI를 찍는다. 아니면 자기 정신을 다시 예민하고 날카롭게 만들기 위해 또 다른 무언가를 찾아 헤맨다. 그들은 산만함을 의학으로 치료해 사고력을 키우려 한다. 물론 그것이 글을 더 빨리 쓰고, 집중력을 높이는 데 도움을 줄 수는 있다. 그러나 이는 '과정'은 깡그리 무시한 채, 중요한 것은 오직 '결과'뿐이라며 신경 회로를 속이는 일에 불과하다. 그렇게 하면 목표에 도달할 수는 있겠지만, 이는 두 발을 땅에 단단히 내딛지 못한 채로 목표한 결승선을 통과하는 일이나 다름없다.

우리는 대개 정신이 산만해지는 것을 경계하고 좀처럼 집중하지 못하는 자신을 자책하곤 한다. 이는 하나에 몰두해 바삐 움직여야만 가치 있는 일을 하는 것으로 여기는 문화 때문이다. 어떤 일에 깊이 몰두하고 있을 때, 빠른 속도로 키보드를 두드릴 때, 우리는 공원 벤치에 멍하니 앉아 있을 때보다 훨씬 괜찮은 사람, 나아가 '쓸 만한' 사람이 된 것 같은 기분을 느낀다. 그러나 니체는 말하지 않았던가. 하릴없이 이리저리 걸을 때 다양하고 풍성한 생각들이 떠오른다고. 그는 한가로이 산책할 때 떠오르는 생각이야말로 가장 가치 있는 생각이라 여겼다.

이 책을 읽으며 독자들이 산만함의 의미를 다시금 생각해 볼 수 있다면, 산만한 정신에서 날카로운 통찰이 가능하다는 것을 깨닫고 산만함을 긍정적인 시선으로 바라볼 수 있다면, 더 바랄 게 없을 것 같다.

윌리엄 제임스는 교육심리학에 필수적인 여러 개념을

설명한 『선생님이 꼭 알아야 할 심리학 지식』에서 과도한 집중이 유발하는 폐해에 대해 다양한 견해를 제시했다. 그는 집중력이란, 양날의 검과 같은 미덕으로, 억지로 강제하기보다 스스로 서서히 함양할 수 있게 해야 한다고 주장했다.

그에게 이런 통찰을 가져다준 것은 찰스 다윈의 자서전이었다. 다윈은 자서전에서 일평생 진화 연구에만 매진하며 모든 집중력을 거기에만 쏟아부은 나머지, 비선형적인 사고가 무뎌졌고 음악이며 셰익스피어, 심지어 시각 예술에 대한 자신의 취향이 모두 사라져 버렸다고 고백했다. 자서전 중 '1881년 5월 1일' 챕터 앞부분에서 다윈은 과학에 대한 자신의 야심은 결국 자신의 뇌를 무뎌지게 했고, 좋아하던 시인들을 사라지게 했으며, 취향에 대한 호불호까지 완전히 망가트려 놓았노라고 한탄했다.

◊

나는 서른 즈음만 해도 온갖 시를 읽으며 커다란 즐거움을 느꼈다. 또한 학창 시절에는 셰익스피어의 작품을, 그중에서도 역사를 다루는 작품을 즐겨 읽었다. 한때 나는 그림이며 음악을 무척 좋아했다. 그런데 수년 전부터 시 한 줄 읽지 못하고 있다. 얼마 전에는 셰익스피어를 읽어보려 했지만 지루해서 도저히 읽을 수가 없었다. 그림과 음악에 대한 취향 역시 완전히 사라져 버렸다. (…) 나의 정신은 그저 온갖 사실들을 분쇄해 그 속에서 일반 법칙을 끄집어내는 기계가 된 것만 같다. 그 때문에 미적 감각을 관장하는 뇌의 한 부분이 퇴화되었는지 나로서는 알 길이 없다. (…) 삶을 다시 살아볼 수 있다면, 짧게라도 시를 읽고 최소한 일주일에 한 번은 반드시 음악을 들을 것이다. 진작 그렇게 했다면 그 방면에서 퇴행한 뇌가 건강하게 유지되지 않았을까. 심미적 취향을 잃는 것은 단지 즐거움을 잃는 것일 뿐만 아니라 우리의 지성과 도덕심에도 부정적인 영향을 미친다. 그것이 감정을 표현하는 능력을 무디게 만드는 탓이다.[5]

다윈처럼 돌연 아름다움에 무감해지는 증상을 '쾌감상실증'이라 하는데, 이런 상태에 빠지면 예술을 경험할 때 아무런 즐거움을 느끼지 못한다. 윌리엄 제임스는 「습관의 법칙들」이라는 글에서 이 기이한 증상을 설명한 바 있다. 그는 미묘하고 다양한 감정의 층위를 느끼기 위해서는 아무런 목적성 없이 세상을 이해하려는 노력을 기울여야 하며, 이것은 곧 습관이 된다고 말했다. 뇌가 음악, 시, 그림과 같이 무용한 것들을 추구하지 않고 객관적인 사실이나 정보 탐색에만 몰두하면 감정을 표현하고 아름다움을 느끼는 뇌의 유연성은 퇴행하고 만다. 아름다움을 느끼는 부분이 "퇴행"하고 무뎌진 다윈의 뇌는 그때부터 "감정을 표현하는 능력"으로 경험할 수 있는 무상한 "즐거움"을 맛보지 못한다. 그는 한가한 시간을 어찌 보내야 할지 몰라 허둥대는 불행한 일벌레가 되고 말았다. 윌리엄 제임스는 우연히 다윈의 자서전을 읽고 학생들에게 지식 탐구에서 중요한 것은 그저 지식을 쌓는 것이 아니라 아름다움을 추구하는 것이라고 강조했다. 깊고 풍부한 사고를 하려면 감정의 충격파가 집중력을 자극해야 한다. 그러나 오로지 하나의 연구 주제에만 몰두한 다윈은 그 외골수적인 집중력 때문에 결국 깊은 우울감과 고립감에 빠질 수밖에 없었다. 다윈은 자신이 놓쳐버린 세계를 다시는 찾을 수 없다는 생각에 낙담했을 것이다.

노동은 여가와 달리 대개 명확하게 정해진 하나의 목표를 향해 나아간다. 이는 자신의 의지와 무관하게 기계적으로 이루어지는 것이기에 우리에게 안정감을 준다. 반면 예술과 놀이는 비교적 잘 사용하지 않는 뇌의 영역이 활성화되어야 하기에 유연한 사고와 더 많은 노력이 필요하다. 그래서 윌리엄 제임스는 예술 작품을 자주 접하며 꾸준한 훈련을 해야 한다고 강조했다. 우리의 정신 역시 육체와 마찬가지로 훈련이 필요하고 계속해서 담금질해야 한다는 것이다. 다윈은 과학 연구에만 몰두한 나머지 감정을 담당하는 뇌의 영역이 퇴화했고, 그 결과 부단한 훈련을 통해서만 즐거움을 느낄 수 있는 대상에 대한 흥미도 잃어버리고 말았다. 다윈이 말한 이른바 "심미적 취향"을 담당하는 뇌의 영역은 자신만의 뇌 배선을 갖는다. 그런데 이 뇌 배선이 수동적인 움직임에 익숙해지고 "일반 법칙"이나 "객관적인 사실"만을 도출해 내는 기계적인 사고에 길들여지면, 퓨즈가 끊어질 수밖에 없다. 모든 것을 읽고, 보고, 듣고 싶어 하는 청춘의 열망과는 대조적으로 나이가 들어가며 아름다움에 무감해지는 현상을 꼬집은 윌리엄 제임스의 글은 우리에게 생각할 거리를 던져준다.

◊

우리는 언제나 시를 즐기고 그림과 음악을 온전하게 이해하며 영적이고 종교적인 사상에 관심을 두고 싶어 한다. 심지어 우리 시대의 주요한 철학 사상을 놓치고 지나가지 않기를 희망하고 기대한다. 그것이 바로 우리가 생각하는 청춘이라고 나는 말했다. 그렇다면 중년 이후에 얼마나 많은 사람이 이처럼 품위 있고 희망찬 바람을 실현하며 살아갈까? 아마도 그런 이들은 손에 꼽을 정도로 적을 것이다. 습관의 법칙이 그 이유를 잘 보여준다. 특정한 나이대에는 누구나 문학과 예술에 관심을 가진다. 그러나 그 관심에 적절한 자양분을 꾸준하게 공급하지 않으면, 그것은 매일같이 우리를 덮치는 다른 관심사들에 잠식당해 굳건하게 뿌리를 내리는 습관이 되기는커녕 위축되고 퇴화해 사라져 버리기 십상이다.[6]

이 글은 청춘의 가능성을 예찬하고 있지만, 어딘지 모르게 서글픈 느낌이 든다. 윌리엄 제임스는 청년 다윈이 품고 있던 시와 사상에 대한 열정이 사용하지 않으면 퇴화하는 근육처럼, 연습하지 않으면 금세 잊히고 마는 언어처럼 사라질 수 있다는 사실을 안타까워했다. 집중력을 아름다운 것을 발견하고 감탄하는 데 사용하지 않고, 오직 좋은 성과를 내기 위한 도구로만 활용할 때 이런 퇴행이 일어난다. 윌리엄 제임스는 다윈의 사례를 통해 한 가지 목표에 지나치게 집중하면 다양한 자극에 민감하게 반응하여 새로운 통찰이나 영감을 얻는 데 도움을 주는

'유익한 산만함'이 상실된다는 사실을 깨달았다. 객관적인 해석이 아닌 각자의 경험과 생각을 바탕으로 오롯이 자신만의 해석을 할 수 있어야 하는 문학과 예술에 대한 취향은 꾸준히 관심을 기울이지 않으면 쉬이 사라져 버린다.

멀티태스킹을 요구받는 오늘날, 윌리엄 제임스의 말은 육체적이고 감각적인 경험은 뒤로한 채 오직 정신적으로만 무언가에 몰두하는 우리의 모습을 돌아보게 한다. 그는 심미적 경험이든 아니든, 무언가를 경험할 때 주의력을 한곳에만 집중하는 대신, 생각이 자유롭게 흐르도록 내버려두며 그 과정에서 다양한 감정을 느낄 수 있어야 한다고 말했다.

오늘날 신경과학자들은 시에 대한 감흥을 점차 잃어버리게 된 다윈의 증상을 과도하게 사용된 대뇌 피질의 문제로 설명하려 들 것이다. 그러나 다윈이 셰익스피어의 작품에 집중하지 못하고 지루함을 느꼈던 이유는 천천히 그리고 깊이 생각하고 섬세하게 접근해야 하는 활동을 등한시한 탓이다. 『햄릿』을 이해하려면 무한히 복잡하고 다층적인 해석을 할 수 있어야 하는데, 다윈이 몰두했던 분류학 연구와는 달리 문학작품을 읽는 것은 그에게 충분히 자극적이지도, 결과 지향적이지도 않았던 것이다. 『오셀로』의 주요 테마인 질투를 성찰하려는 사람은 문제의 해답을 찾거나 확정적인 결론에 도달하려고 하는 대신, 동떨어져 있는 요소들을 연관시키고 비교해 볼 수 있어야 한다. 그러나 이를 위해서는 상당한 인내심이 필요하다. 반면 까다로운 문제를 풀기 위해 고군분투하는 과학자는 문제를 구조화하여 명확한 답을 얻고 그것의 논리를 발견해 낼 때 커다란 만족감을 느낀다. 분주하게 움직이며 질문에 대한 답을 찾으려는 습관에 젖어 있는 사람은 진중하게 사색에 빠지는 것을 더욱 어려워한다. 다윈이 예술 작품을 접할 때 참을 수 없는 지루함을 느낀 이유는 오랫동안 논리적이고 과학적인 사고만을 해온 데다 연구의 속도를 높여야 한다는 데 지나치게 집착했던 탓이다.

그는 실제로 "나의 정신은 그저 온갖 사실들을 분쇄해 그 속에서 일반 법칙을 끄집어내는 기계가 된 것만 같다"라고 한탄했다. 다윈은 정보를 수집하고 분류하여 처리하는 컴퓨터처럼 결과 지향적 활동에 몰두했다. 여가를 즐길 여유도, 연구에 몰두하는 뇌의 스위치를 꺼버리고 고요히 사색할 시간도 갖지 못한 채, 그는 "아름다움을 느끼는 자기 뇌의 일부분"을 퇴화시켜 버리고 말았다. 자신의 "심미적 취향"이 서서히 퇴행하는 것을 느끼고 당혹스러워했던 다윈의 사례는 오늘날 우리의 관심사인 몰입과 집중력을 다른 관점으로 바라보게 한다.

한가롭게 사색에 빠지는 습관은 언제든 사라질 수 있다. 우리가 독서나 음악 감상처럼 '느긋하게' 즐겨야 하는 예술을 외면한다면, 우리의 육체는 전속력으로 내달리는 일에만 익숙해질 것이다. 지나치게 빠른 속도로 움직이는 육체는 마치 만성적인 '하지불안증후군'에 시달리는 것처럼, 고요하게 앉아 깊은 사색에 빠지지 못한다. 문학작품을 읽을 때는 몰입을 하기까지 충분한 시간을 들여야 하기에 지나치게 흥분한 육체는 이를 견디지 못하고 지루함을 느낄 수밖에 없다. 그러므로 지루함을 견디는 습관을 들이고, "무의미한"[7] 활동을 의미 있게 만든다면 우리의 집중력은 분명 더욱 향상될 수 있다.[8]

그런데 정신이 산만해지는 것이 그토록 심각한 문제라면, 왜 진화 과정에서 이 결점이 퇴화하지 않았을까? 우리는 왜 온전한 집중력을 발휘하지 못하게 된 걸까? 혹시 산만함은 인간 생존에 반드시 필요한 비밀 병기 같은 것이 아닐까? 그러니까 생물학적 관점에서 보면 산만함은 오히려 인간에게 유리한 특성이 아닐까? 공격에 맞서 싸우고, 식량을 찾으며, 안전한 거처를 확보하는 데 뛰어난 능력을 보였던 원시 영장류 조상들과 달리, 오늘날 우리는 주변 환경을 예민하고 심각하게 받아들이지 않는 방향으로 진화해 왔다. 우리는 대화를 나누고, 휴식을 취하며, 먹고, 듣고, 일하고, 때로는 이 모든 일을 동시에 한다. 프랑스 인류학자 알베르 피에트는 이에 대해 이렇게 말했다. "인간의 존재 방식은 고릴라나 침팬지와 다르다. 인간은 '존재와 부재', 중요한 것과 사소한 것을 동시에 처리하며 일종의 '유익한 산만함'을 실행한다. 이런 '불완전한 부분' 때문에 인간은 현재 상황에 지나치게 몰입하지 않고, 쓸데없는 행동을 하거나 불현듯 딴생각에 빠지기도 한다."[9]

오직 인간만이 존재하면서도 부재하고, 떨어져 있으면서도 연결되며, 능동적이면서도 수동적일 수 있다. 우리는 몽상에 빠지고, 갈팡질팡하며, 쉽게 산만해지기에 무언가를 맹목적으로 좇지 않는다. 또한 몹시 가혹한 상처를 받았더라도 이를 잊고 계속해서 앞으로 나아갈 수 있다. 알베르 피에트는 아우슈비츠 생존 작가인 프리모 레비의 『이것이 인간인가』를 언급하며 '유익한 산만함'이 수용소 생활에 방해가 되기보다 오히려 도움이 되었다는 레비의 모순적 인식에 공감했다. 나치 강제 수용소에 끌려간 프리모 레비는 절망적인 상황에서도 "바람이 불지 않는 게 그나마 다행"이라고 말할 정도로 매우 사소한 일들에 감사함을 느꼈노라 고백했다. 그럼에도 우리는 '산만함 때문에' 야망을 실현하지 못하거나 훌륭한 아이디어를 구체화하지 못한다. 어쩌면 인간과 비슷한 외형을 가진 유인원이 인간보다 더 우월할지도 모른다. 그들은 어떤 생각을 할 때 결코 산만해지는 법이 없기 때문이다.

예컨대 침팬지는 먹이를 구할 때 매우 빈틈없이 체계적으로 행동한다. 또한 다른 개체의 외형을 또렷하게 기억하며, 심지어 다른 개체에 한번 품은 원한을 20년 가까이 잊지 않는다.[10] 영장류 학자들에 따르면, 침팬지들은 한 대상에 몰두하면 쉽게 헤어나지 못하는 탓에, 사랑에 빠진 개체에 온 신경을 집중하고 그 개체가 죽음을 맞으면 그야말로 죽을 만큼 슬퍼한다. 반면 망각할 수 있고 산만해질 수 있는 인간의 능력은 때로는 해가 되기도 하고, 때로는 득이

되기도 한다. 알베르 피에트는 오직 인간만이 한 대상에 온전히 집중하지 못하고 끊임없이 딴생각에 빠지며, 처음에 품었던 계획을 끝까지 밀어붙이지 못하고, 어쩔 수 없는 일에는 기꺼이 뒤로 물러설 줄 안다고 말했다.

◊

사람들은 왜 사소한 것, 대수롭지 않은 것을 원할까? 사람들은 왜 자신에게 아무런 쓸모도 없는 것에 둘러싸여 있을까? 사람들은 왜 삶과 죽음의 문제를 직시하려 하지 않고 그것에서 벗어나려고 딴생각에 빠질까? (…) 그들은 어떤 현실을 파악하고 이해할 때마저, 대개 대수롭지 않은 것에 눈을 돌린다.[11]

비극을 겪으면서도 이를 대수롭지 않게 여기고, 산만하다가도 심오한 생각에 빠지는 능력을 갖춘 인간은 진지하면서도 가벼울 수 있고, 무언가에 몰두하다가도 쉽사리 빠져나올 수 있기에 균형을 잃지 않고 살아갈 수 있다. 컴퓨터가 우리의 가장 가까운 동반자가 된 오늘날, 우리가 컴퓨터 앞에서 흥분과 위안을 동시에 느끼는 것은 그저 우연이 아니다. 컴퓨터 화면은 무언가에 집중하다가도 쉽게 산만해지는 우리의 모습을 고스란히 반영한다.

인생을 '이것 아니면 저것'이라는 양자택일의 논리에 따라 살아야 한다면, 우리는 어떤 삶을 선택해야 할까? 어떤 몽상도 허락하지 않으며 완벽한 집중력을 보장해 준다는 약이 개발된다면, 우리는 과연 그 약을 찾게 될까? 분명 우리는 중요한 일을 위해서는 온전히 집중하며 선명한 정신을 유지하려 한다. 그러나 고된 하루를 마치고 나른한 몸을 뉘며 잠깐 눈을 붙일 때, 식물처럼 고요하게 멈춰 서서 한가로운 시간을 보낼 때, 우리는 진정한 행복감을 느낀다. 번뜩이는 아이디어는 수영을 하거나 선잠에 들었을 때, 말하자면 집중력과 주의력이 약해졌을 때 찾아온다고 말하는 이들도 있다.[12] 그러나 디지털 시대를 살아가는 오늘날, 한 가지 일에 완벽하게 몰두하는 집중력과 정신을 풍요롭게 하는 산만함은 점점 더 양극단을 향해 치닫는 듯하다.

그럼에도 산만함이 오히려 우리의 사고력을 향상한다면 어떨까? 어떤 면에서 산만함이 목표를 성취할 수 있게 해주고, 창의성을 발휘하게 해준다면? 인간은 한 대상에 깊이 몰두하다가도 금세 빠져나오고, 집착하다가도 초연해질 수 있는 유일한 종種이다. 집중력을 지속적으로 유지할 수 없는 한계와 산만함 덕분에 인간은 종종 뜻밖의 놀라운 것들을 발견하고 창조한다.

인간과 DNA 서열이 98퍼센트가량 일치하는 침팬지는 인간처럼 산만해지지 않는다. 유인원은 오지 하나에만 집착하는 편집광이라 할 수 있다. 그런데 집중력이 조금이라도 흐트러지면 생명의 위협을 받을 수 있는 유인원과 달리, 깊은 곳과 얕은 곳을 변덕스럽게 오가는 인간은 '오늘은 원칙을 지킬 것이다' 다짐하고, 내일은 이를 거스르고 무시한다.

윌리엄 제임스는 상반된 특성을 가진 집중력과 산만함의 변증법을 바탕으로 자신의 교육 이론을 정립했다. 그는 교사들이 어떻게 해야 학생들의 흥미를 유발할 수 있는지, 집중력을 유지하기 위해서는 어떤 노력을 기울여야 하는지 연구했다. 과학 연구에 과도하게 몰두했던 다윈의 자조 섞인 고백을 접한 뒤, 그는 지나친 집중보다 어느 정도의 산만함이 오히려 흥미를 유발할 수 있다는 사실을 깨달았다. 지금이야 대다수 교육자가 학생들의 흥미를 유발하기 위해 다양한 학습 방식을 시도하지만, 당시에는 암기 중심의 교육이 주를 이루었기에 그의 주장은 큰 반향을 일으키지 못했다.

윌리엄 제임스는 "흥미를 느끼지 못하는 주제를 공부할 때 정신이 산만해진다면, 다시 주의를 집중하기 위해 단호하고 적극적인 노력을 기울여야 한다"[13]라고 말했다.

집중에 이르기 위한 노력은 종종 고되고 힘겹게 느껴진다.
마치 흐르는 물을 거슬러 헤엄치듯, 우리는 저항하는 자기
자신과 싸워야 한다. 그래서 윌리엄 제임스는 학생들이
쉽게 집중할 수 있는 흥미로운 주제만 다루기보다,
노력하는 과정에서 흥미를 느낄 수 있도록 학생들을 독려할
필요가 있다고 말했다.

◊

흥미에 대해 논하려고 하면 어쩔 수 없이 집중력에 대해서도
논해야 한다. 어떤 대상에 흥미를 느낀다는 것은 그것에
집중한다는 뜻이기 때문이다. (…) 그러나 그다지 흥미를
느끼지 못하는 대상에 집중하기 위해서는 보다 의도적이고
자발적인 노력이 필요하다.[14]

'흥미로운 것'과 '이해하기 위해 노력해야 하는 것'을
구분하는 것은 '즐거움을 주는 것'과 '교육적 가치가 있는
것'을 구분했던 신고전주의 시대의 이분법을 떠올리게

한다. 자연스럽게 우리의 흥미를 불러일으켜 쉽게 집중할 수 있는 대상과, 고된 노력을 기울여야만 집중할 수 있는 대상 사이에는 큰 차이가 있다. 전자의 경우에는 집중과 이해가 즉각적으로 일어나지만, 후자의 경우에는 그것이 점진적으로 이루어진다. 그래서 윌리엄 제임스는 학생들의 집중력을 유지하려면, '흥미를 유발하는' 방식으로 교육을 제공하여 그들의 정신이 산만해지지 않도록 해야 한다고 말했다.

그렇다면 '흥미를 유발하는' 방식은 대체 무엇일까? 윌리엄 제임스는 분명 지나치게 단순화하거나 '떠먹여 주는' 교육 방식을 지지하지 않았다. 그렇다고 학생들에게 지나친 노력을 요구하는 암기와 반복 위주의 주입식 교육을 지지한 것도 아니다. 그러면 그는 어떤 방식을 제안했을까? 그는 다른 형태의 집중력을 길러야 한다고 주장했다. 즉 흥미를 유발하는 대상에 집중하되, 그 대상을 다른 관점에서 바라보고 다양한 방식으로 접근할 수 있어야 한다는 것이다. 그러려면 집중력을 재구성하고 확장할 필요가 있다.

16세기 프랑스 철학자 몽테뉴는 선형적 사고를 하지 못하는 자신의 단점을 인정하면서, 자유롭고 불확실한 사유 속에서 오히려 통찰을 얻을 수 있음을 보여주었다. 자신의 경험을 바탕으로 폭넓은 주제에 대해 써 내려간 『수상록』에서 우리는 그의 사유와 통찰을 엿볼 수 있다. 실용적인 목적보다는 사유의 흐름을 중시하는 그의 글은 명확한 결론에 도달하지 않는다. 그래서 그의 지혜는 그저 짤막한 격언이나 잠언으로 요약되지 않는다. 몽테뉴는 직선적이고 단순한 사고는 지적 게으름을 유발할 수 있다고 꼬집었다. 자신의 글을 잡문이라고 부른 그는, 어떤 주제를 다룰 때마다 처음에 생각한 길이 아닌 다른 길로 빠지게 된다고 고백했다. 그는 『수상록』을 소크라테스의 담론과 비교하며 이렇게 말했다. "소크라테스는 사랑에 대한 담론으로 시작해 결국 수사학에 대해 논했는데, 나라고

그러지 못할 이유가 무엇인가? 왜 그런 일탈을 염려하는가? 바람에 실려 이리저리 떠다니는 사유는 놀라울 만큼 아름답지 않은가?"[15] 물론 이런 일탈이 항상 우리를 깊은 사유로 이끄는 것은 아니다. 그러나 몽테뉴는 "비약적이고 돌발적인" 자신의 글이 직선적이고 논리적인 글보다 독자에게 더 큰 흥미를 불러일으키고, 깊이 몰입할 수 있게 한다고 말했다.

몽테뉴의 『수상록』이 산만하고 일관성이 없는 글처럼 보인다면, 그 책임은 '게으른 독자'에게 있다. 실제로 몽테뉴는 "자유롭고 변화무쌍한"[16] 상상력의 충동에 자신을 맡기지 않은 채, 겉으로 드러나지 않는 깊은 사유를 발견하지 못하는 독자들을 못마땅하게 여겼다. 헤겔이 『정신현상학』 서문에서 서서의 목적이나 집필 동기가 소개되어 있을 것이라고 기대하는 독자들을 비판한 것처럼, 몽테뉴 역시 자신이 진정으로 말하고자 하는 바를 사소한 이야기들 뒤에 숨겨놓기를 즐겼다. 독자는 일관된 맥락

없이 이 주제와 저 주제를 넘나드는 그의 글을 읽으며 실망할지라도, 결국 그가 의도한 바를 부지불식간에 깨닫게 된다. 그는 "게으르고 열의 없는 독자들을 위해 구태여 말을 보태거나 연관 관계를 설명하려 하지 않았다."[17]

그러나 오늘날 산만함은 자유롭고 창의적인 사유를 가능케 하는 정신 활동으로 여겨지지 않는다. 이제 산만함은 몽테뉴가 말했듯 계속해서 변화하고 발전하는 동적인 사유가 아닌, 쓸데없이 웹 서핑을 하거나 별생각 없이 스마트폰을 터치하는 주의력 결핍으로 치부된다. 『수상록』을 읽는 일은 사유의 세계를 여유롭게 산책하는 경험을 선사하지만, 이를 위해서는 상당한 시간과 집중력이 필요하다. 우리는 『수상록』에서 보다 나은 삶을 위한 단순한 해결책을 단박에 발견할 수 없다. 그도 그럴 것이, 가치 있는 것은 쉽게 얻을 수 없다는 것이 『수상록』에서 말하는 핵심 사상 중 하나이기 때문이다. 자유롭고 변화무쌍해 일관성이 없어 보이는 몽테뉴의 글은 오늘날 우리의 어수선하고 산만한 삶과는 본질적으로 다르다. 플라톤이 말한 "사고의 도약"이나 플루타르코스가 언급한 "주제와 관계없는 불필요한 이야기"를 우리의 산만함과 비교하는 것은 어불성설이다. 그렇다면 우리는 부정적이고 부적절한 것으로 여겨지는 산만함을 몽테뉴처럼 깊은 자기 성찰의 또 다른 방식으로 받아들일 수 있을까?

프랑스인에게 '산만한 사람'은 고루한 사회 구성원으로서 성실히 제 역할을 하기보다 몽상에 빠져 한가롭게 시간을 보내는 사람이다. 그는 덤벙거리기는 하지만 매력적인 사람으로 인식된다. 반면 미국인은 산만함을 부정적이고 해로운 것으로 여긴다. 우리는 왜 발터 베냐민이 말한 즐겁고 유쾌한 게으름, "자의적으로 잇따라 일어나는 감각"[18]에 자신을 내맡기는 일에서 그토록 멀어지게 되었을까?

어쩌면 우리는 행위와 무위, 근면과 휴식 사이에서 균형을 찾는 일을 소홀히 했는지도 모른다. 영국 철학자 데이비드 흄은 게으름을 휴식의 한 방식으로 보았다. 그는 과도한 집중이 유발하는 긴장감을 해소하고, 세상을 살아가며 피할 수 없는 스트레스에서 벗어나기 위해서는 잠시 휴식을 취할 필요가 있다고 말했다. 그는 게으름이나 휴식이 수면만큼이나 우리에게 꼭 필요한 것이라고 강조했다. 휴식은 "노동이나 쾌락을 지속적으로 유지할 수 없는 인간 본성의 약점"처럼 보일 수 있지만, 실제로 우리의 자아를 더욱 단단하게 해주고 중심을 잡을 수 있게 해준다. 게으름은 "만족감을 주기는 하지만 과도한 몰입으로 결국 정신을 지치게 하는 활동"에 제동을 걸어 집중과 휴식의 균형을 맞춰준다. 따라서 산만함은 악덕이 아니라 우리에게 반드시 필요한 것이다. 산만함이 없으면 정신은 결코 "새로운 활력"을 얻을 수 없고, "그 가능성과 역량"[19]을 확장할 수도 없다.

산만함이 없다면 집중력을 발휘할 수 없고, 최소한의

동기부여와 끈기가 없다면 산만함은 무기력으로 변해버리기에 십상이다. 프랑스 철학자 자크 랑시에르는 산만함과 집중력의 상호작용, 그 열려 있는 가능성에 대해 "말과 담론이 통제 없이 자유롭게 오가며 사람들을 기존의 입장에서 벗어나게 할 때, 민족, 자유, 평등과 같은 몇몇 단어들은 그들을 움직이게 한다"[20]라고 말했다. 이렇게 자유롭게 부유하는 말과 생각의 세계에서 우리는 디지털 기기가 유발하는 산만함과는 전혀 다른 산만함을 경험한다. 이런 산만함의 세계는 우리를 여러 방향으로 이끌어 가는데, 이때 우리는 즉각적인 만족을 얻을 수 없다 해도, 각각의 방향에서 깊이 있는 사유를 하게 된다. 이런 긍정적인 산만함의 핵심은 바로 만족 지연에 있다. 미래의 더 큰 만족을 위해 현재의 즉각적인 즐거움을 뒤로 미룰 때, 우리의 생각과 감정은 자유롭게 순환한다.

산만함을 긍정적으로 보든 부정적으로 보든, 때때로 정신을 느슨하게 하지 않으면 집중력은 지속되기 어렵다.

그래서 흄은 정신이 지나치게 복잡하면 판단을 제대로 할 수 없다고 말했다. 그는 깨어 있으려면 잠을 자야 하듯, 생각하기 위해서는 우선 정신을 쉬게 해야 하며, 그러지 않으면 인간은 "끊임없이 이어지는 노동이나 쾌락을 버텨내지 못할 것"[21]이라고 경고했다. 그는 행위와 쾌락, 그리고 게으름 사이에서 균형을 잡을 수 있어야 하며, 기계적인 노동(직조나 목공)과 자유로운 예술을 조화시킬 수 있어야 한다고 역설했다. 그러나 한편으로 그는 모든 형태의 과도함을 지양해야 한다고 말했다. 노동보다 몽상을, 사치보다 검약을, 문명보다 자연을 소리 높여 예찬한 루소와 달리 흄은 중용을 추구했다. 그는 「삶의 중도에서Of the Middle Station of Life」라는 에세이에서 과도한 쾌락이나 고통을 피할 수 있는 최선의 방법은 절제리고 말했다. 그러므로 집중력을 지나치게 중시하는 작금의 세태에 맞설 수 있는 가장 바람직한 해결책은 집중력과 산만함 사이에서 중용을 지키는 것이 아닐까?

중용을 지키기 위해서는 무엇보다도 '유익한 산만함'과 '해로운 산만함'을 구분할 수 있어야 한다. 유익한 산만함은 마치 아무렇게나 낙서하듯 정신이 자유롭게 방황하도록 내버려두면서 게으름을 다른 관점에서 바라볼 수 있게 한다. 이를 위해서는 우선 현실적이지 않은 것, 예컨대 어떤 소리에 귀를 기울이고, 감각을 느끼고, 인식을 확장하는 일 등 시간 낭비라고 생각했던 일에 관심을 가져야 한다.[22] 요컨대 '유익한 산만함'은 '해로운 산만함'에 가려져 있어 우리가 미처 보지 못했던 것을 볼 수 있게 해준다. 반면 해로운 산만함은 우리에게서 선택의 여지를 박탈하고 혼란스러운 감각의 파도로 우리를 억누른다. 그렇기에 우리는 해로운 산만함의 어쩔 수 없는 피해자가 될 뿐, 그와 함께하는 공모자는 될 수 없다. 내리쬐는 태양 아래 몸을 뉘고 여름의 열기를 만끽하고 싶어 하면서도, 이내 이런저런 생각과 상충하는 요구에 휩쓸려 결국 어느 것에도 집중하지 못하는 우리가 아니던가.

사람들의 문제 해결 방식을 연구하는 신경과학자들은 바람직한 해결책을 찾는 최고의 방법은 한가로운 시간을 갖는 것이라고 말한다. 풀기 힘든 문제일수록 그것에 매달려 집착하기보다 잠시 다른 곳으로 눈을 돌릴 때 더욱 유연한 사고를 할 수 있다고 말이다. 노동만큼이나 여가를 중요시한 데이비드 흄은 노동과 휴식, 집중과 산만함을 이분법적으로 구분하지 않았다. 그는 활동하고 집중하는 뇌 영역과 사색하고 휴식하는 뇌 영역 사이의 균형을 강조하면서 지금껏 푸대접을 받았던 산만함에 대해 다시 생각해 보고 처음으로 돌아가 우리가 스스로에게 부여한 속도를 늦출 것을 제안했다.

찰리 채플린에서 제리 사인펠드, 그리고 루실 볼에서 그루초 막스에 이르기까지 미국 코미디언들은 집중에 대한 흥미로운 통찰을 보여준다. 그들이 연기하는 캐릭터는 대개 터무니없는 목표를 세우고 언제나 실패와 좌절을 맛본다. 그럼에도 비현실적이고 혼란스러운 시공간에서 관객에게 웃음을 주고 공감을 불러일으킨다. 그들의 우스꽝스럽고 서툰 행동은 사건의 진행을 늦추면서 시간을 지연시키고 결국 예상치 못한 순간에 웃음을 터뜨리게 한다. 반면 이런 돌발적인 행동을 하지 않는 캐릭터는 우리를 지루하게 할 뿐이다. 우리가 문학작품에 등장하는 몇몇 인물을 못마땅하게 여기는 이유도 바로 이런 지루함 때문일 것이다.

자기주장을 꺾지 않고 너무 완고한 모습을 보이거나, 자유로운 사고를 하지 못하고 편협하게 행동하는 문학작품 속 몇몇 인물은 나이를 먹어가며 아름다움에 무감해진 다윈을 떠오르게 한다. 예술과 실용적 목적은 서로 충돌하기 마련이다. 칸트는 아름다움이 '목적 없음', 즉 목적에서 자유로울 때 생겨난다고 말했고, 이를 '목적 없는 합목적성'이라 정의했다. 조지 엘리엇의 『미들마치』에 등장하는 이기적이고 옹졸한 학자 캐소본이나, 버지니아 울프의 『등대로』에 등장하는 완고한 철학자 램지 씨는 자신의 목표에 지나치게 집착한 나머지 정작 중요한 것들을 놓치고 만다. 반면 세르반테스의 『돈키호테』나 찰스 디킨스의 『픽윅 클럽 여행기』에 등장하는 주인공이 매력적으로 다가오는 이유는 그들이 자신에게 주어진 운명에서 벗어나 새로운 의미를 만들어내며 우리에게 감동을 선사하기 때문이다. 데이비드 흄이 강조한 중용으로 다시 돌아가 보자면, 한 가지 생각에 집중하는 사람들은 우리에게 언제든 써먹을 수 있는 실용적 지식을 전해줄 수 있을지는 몰라도, 자유로운 사유 속에서 발휘되는 엉뚱한 상상력으로 우리를 놀라게 하지는 못한다. 그것은 오직 산만한 몽상가만이 할 수 있는 일이다.

많은 이가 매일 아침 인터넷의 유혹을 이겨내리라 다짐하며 자리에서 일어난다. 그러면서 '느리게 살기'를 실천하겠다고 결심하거나 '프리덤(한 번의 설정으로 14시간까지 인터넷 접속을 차단해 집중을 도와주는 앱)' 같은 웹사이트 차단 앱을 설치한다. 하지만 몽테뉴는 이런 방식에 절대 동의하지 않을 것이다. 그는 진정한 몰입에 이르려면 자유롭고 깊은 사색에 빠질 수 있어야 한다고 말했다. 물론 그가 살았던 시대에는 우리가 마주하는 이 모든 유혹이 존재하지 않았다. 그래서 그는 오늘날 소수의 사람이 그러듯 매우 편리한 현대 기술까지 거부하는 극단적인 방식을 선택하지 않아도 됐다. 오늘날 어떤 이들은 텔레비전이나 인터넷 없이 세상과 동떨어져 홀로 살아간다. 스스로는 찾을 길 없는 온전한 평온함을 얻기 위해 세상을 등진 채 살아가는 것이다. 그러나 명료한 정신을 갖고 싶다고 해서 머릿속의 온갖 번잡한 생각을 깡그리 몰아내려 해서는 안 된다. 몽테뉴는 모든 문제를 흑백논리로만 구분하는 사고방식을 경계해야 한다고 말했다. 우리는 온전한 집중과 자유로운 사유 사이에서 양자택일을 하는 것이 아닌 그 둘을 균형 있게 조화시킬 수 있어야 한다. 완전히 다른 길을 선택하지 않아도 된다. 그저 가던 길에서 옆으로 비켜서는 것만으로도 충분하다. 스스로 만족할 때까지 우리의 가장 강력한 적인 디지털 기기를 멀리하며 고집스러운 노인처럼 살겠노라 결심하지 않는 한, 매일매일 치러야 하는 이메일이나 온라인 쇼핑과의 전쟁에서 우리는 백전백패할 수밖에 없다.

산만함에서 벗어나려는 열망도, 한번 빠지면 헤어 나올 수 없는 인터넷 가상 세계에 대한 거부할 수 없는 이끌림도 우리의 자연스러운 본능이다. 실제로 오늘날 대부분의 인터넷 사이트는 예측 분석팀을 마련해 우리의 취향을 분석하고 우리가 미처 생각지 못한 상품들을 탐색하도록 유도한다. 그렇게 우리는 필요하지도 않은 제품을 별생각 없이 구매하는 어수룩한 소비자가 되고 만다. 그러니 인터넷 쇼핑 사이트를 보며 자신도 모르게 클릭하는 일을 끔찍한 중독이나 죄악처럼 여기는 것도 무리는 아니다. 그러나 유혹을 거부할 수 없다고 해서 애초에 인터넷 사용을 차단하는 것은 우리가 산만함과 의지박약을 혼동하고 있다는 사실을 증명할 뿐이다. 이런저런 생각이 자유롭게 떠다니도록 내버려두는 몽테뉴의 산만함과 즉각적인 만족을 분명하게 구분할 수 있어야 한다. 몽테뉴가 말한 산만함이란 여유를 가지고 느긋하게 사물을 이해하는 일, 즉 "사물의 본질이 어디에서 변화하는지, 어디에서 시작하고 끝나는지, 그리고 다시 어디에서 시작하는지"[23]를 파악하기 위해 속도를 늦추는 일이다. 반면 즉각적인 만족 추구는 성급하게 원하는 것을 얻으려는 행위다.

그런 관점에서 볼 때, 버지니아 울프가 몽테뉴의 열렬한 독자였다는 사실은 그다지 놀랍지 않다. 울프는 "우리 의식 속에 가라앉아 있는 진실은 때때로 게으름 속에서, 몽상 속에서 모습을 드러낸다"[24]라고 썼다. 성급하게 변화하려 하기보다 여유를 가지고 천천히 사유할 때, 진정한 통찰을 얻을 수 있다는 메시지를 던지는 명문장이다.

울프의 『등대로』에 등장하는 램지 부인은 자기 가족과 주변 사람에 대해, 그리고 자신의 개인적 욕망에 대해 끊임없이

고뇌하고 반추한다. 그녀는 몽테뉴처럼 자유롭고 깊이 있는 사유를 하지만, 몽테뉴와 달리 자신이 의미 있는 삶을 살고 있는지 끊임없이 의문을 품는다. 가족과 주변 사람을 두루 보살피며 따스하게 아우르는 램지 부인과 자신의 지적 성취만을 중요시하는 램지 씨의 성격은 극명하게 대비된다. 램지 씨는 일렬종대로 일사불란하게 행진하는 충성스러운 군인들 같은 직선적이고 논리적인 사고방식을 선호하며 그의 뛰어난 지성은 한 치의 흐트러짐도 없는 사고를 가능케 한다.

◊

그의 지성은 매우 뛰어났다. 인간의 생각이 여러 개의 음계가 가지런히 정렬된 피아노의 건반 같은 것이라면, 혹은 질서 정연하게 스물여섯 개의 글자로 배열된 알파벳 같은 것이라면, 그의 빼어난 지성은 그 글자들을 하나하나 확고하고 정확하게, 이를테면 Q라는 글자에 이르기까지 그 어떤 어려움도 없이 훑어볼 수 있을 정도였다.[25]

램지 씨는 "자신의 뛰어난 지적 능력을 동원해 문제를 명확하게 이해하고 해결할 때"[26] 만족스러운 하루를 보냈다고 생각한다. 그렇지만 산만함(램지 부인)과 집중(램지 씨)의 대결에서 결국 승리를 거둔 쪽은 램지 부인이다. 램지 부인은 온갖 사람들의 사정을 다 헤아리며 스스로를 피곤하게 하는 자신의 삶을 한탄하지만, 불화하는 사람들을 화합으로 이끌면서 자신도 모르는 사이에 그들의 삶에 깊은 영향을 미친다.

『등대로』에서는 내향적이고 사색적인 성향의 인물과 목표 지향적이며 완벽주의를 추구하는 인물이 대립한다. 램지 씨는 "자신의 뛰어난 지성"으로 피아노 건반이나 알파벳처럼 "글자들을 하나하나 확고하고 정확하게" 짚으며 목표에 도달하기를 원한다. 몽테뉴의 시각에서 램지 씨는 형식에 치우쳐 진정한 의미를 제대로 이해하지 못하는 현학적인 인물일 것이다. 그런데 램지 씨는 사실 자신의 지식을 뽐내기보다는 자신의 정신을 통제하는 데 더 큰 관심을 가진 인물이다. 어쨌든 몽테뉴는 램지 씨 같은 사람들을 이렇게 비판했다.

◊

그들은 단지 기억을 채우기 위해 일할 뿐, 이해와 양심에 대한 감각에는 관심이 없다. 새들이 때로 낱알을 구하러 가서 먼저 맛보지 않고 부리로 물어다 새끼들에게 먹이듯, 우리네 학자들은 책 속에서 지식을 쌓아가지만, 그것을 단지 입술 끝에만 얹어두었다가 뱉어내 바람에 흩뿌리고 있을 뿐이다.[27]

몽테뉴는 형식에 얽매인 경직된 사고방식에서 벗어나야 한다고 역설했다. 그는 어떤 행위를 하든, 그것이 삶을 충만하게 하는 수단이 아닌 목적 그 자체가 되어서는 안 된다고 말했다. 자신을 통제하고 집중하는 능력, 그리고 자신의 유능함을 타인에게 드러내는 방식에 따라 우리의 가치와 성공 여부가 좌우된다고 여겨지는 오늘날, 몽테뉴의

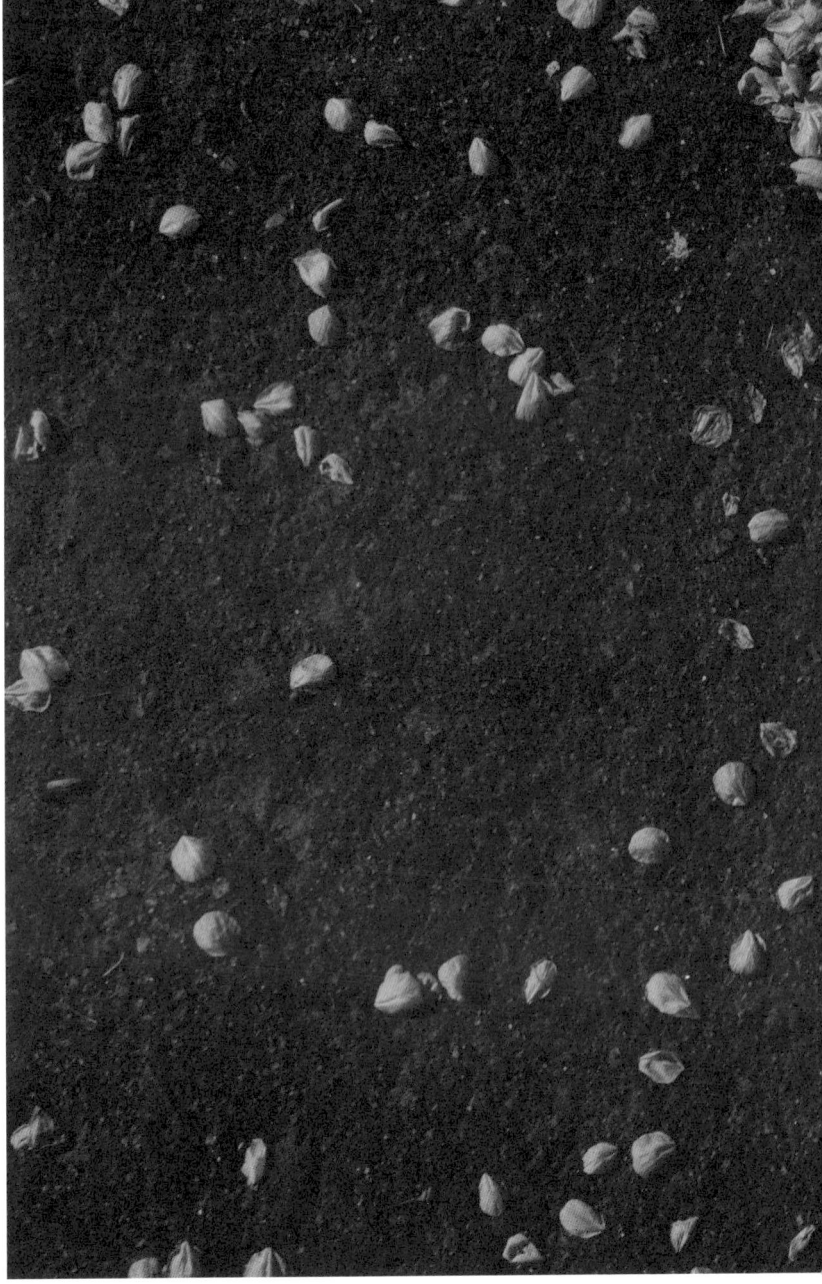

글은 우리로 하여금 산만함의 문제를 깊이 고민하게 한다. 또 여유롭게 사색하는 버지니아 울프의 세계와 우리의 세계는 얼마나 동떨어져 있는가. 램지 부인은 남편에 비해 학식은 보잘것없지만, 주변 사람의 생각과 미묘한 감정을 이해하고 그 안에서 깊은 진리를 포착하면서 눈부신 성취를 이룬다. 그에 비해 철학자로서 명성을 얻고자 했던 램지 씨의 열망은 헛되기만 하다. 울프가 중요하게 여겼던 것은 속살거리는 빗소리, 어디로 가는지 알 수 없는 한없이 긴 문장, 끊임없이 구축되고 해체되며 고요하게 변화하는 삶의 순간들이다. 램지 씨는 산만함의 진정한 가치를 너무 늦게 깨달았다. 완벽한 집중을 통해 목표에 도달하려는 열망, 그 강박적인 집착은 목표를 달성한다 해도 그에게 진정한 만족감을 주지 못한다. 반면 램지 부인은 남편 램지 씨처럼 명확하고 냉철한 사고를 하고 싶어 했을 깃이다. 그러나 섬세한 감수성을 지닌 그녀의 산만함, 타인의 삶에 애정 어린 관심을 주는 일은 그 자체로 특별한 능력이며 겉으로 드러나지 않는 성취를 이루어낸다.

뚜렷한 형체가 없고, 하나의 개념으로 명확하게 정리할 수도 없으나 결국 진정한 통찰을 끌어내는 이런 생각을 어떻게 바라봐야 할까? 사실 산만하거나 정리되지 않은 생각은 혼란을 일으키기는커녕 강한 집중력을 발휘하게 한다. 프랑스 철학자 질 들뢰즈는 영국 화가 프랜시스 베이컨의 작품에 이런 모순적인 특성이 매우 잘 드러나 있다고 평했다. 실제로 베이컨의 작품은 관람자를 끌어들이는 동시에 밀어낸다. 세 개의 패널로 구성된 베이컨 3부작에 큰 관심을 가졌던 들뢰즈는 그런 작품 형식은 관람자의 시선을 집중시키면서도 분산시키는 특성이 있다고 말했다. 세 개의 패널이 연결된 공간은 관람자로 하여금 그림을 자르고 붙이며 이 그림에서 저 그림으로 옮겨 가도록 유도한다. 이때 관람자는 작품에 매료되는 동시에 거부감을 느끼고, 동화되는 동시에 배제되는 경험을 한다. 베이컨은 미술 평론가이자 오랜 친구인 데이비드 실베스터와의 인터뷰에서 3부작이라는 형식은 "작품과 작품 사이의 공간이 이야기를 단절"시키기 때문에 시각적으로 강렬한 인상을 주면서도 서사의 정형성을 파괴한다고 설명했다.[28] 이는 우리가 다루는 문제, 산만함을 어떻게 수용해야 하는가에 대한 문제로 이어진다. 우리에게는 잠시 멈추어 숨을 고를 수 있는 공백과 침묵, 거리두기가 필요하다. 베이컨 3부작은 처음에는 낯설지 않게 느껴지고 구체적인 이미지로 다가오지만, 사실 그의 작품은 익숙한 것과 낯선 것을 결합하면서 불안과 혼란을 일으킨다.

베이컨은 주변을 잊게 할 정도로 우리를 빠져들게 하는 '몰입'과 우리를 강렬하게 자극해 색과 형태에 눈을 뜨게 하는 '저항'을 결합해 결코 화합할 수 없는 두 세계를 잇는다. 그렇지만 두 세계는 결코 완벽하게 결합되지 않기에 우리의 불완전하고 단편적인 지각으로는 그 의미를 온전히 이해할 수 없다. 들뢰즈는 베이컨의 작품 곳곳에는 "관람자의 감각 신경을 자극하는 요소가 있고, 이는 추상적이고 이론적인 작품의 해석을 불가능하게 한다"²⁹라고 말했다. 그의 작품은 우선 신체적 감각을, 그다음에는 인식을 자극한다. 낯선 신체적 감각과 인식, 구상과 추상의 경계를 넘나드는 관람자는 수용과 배제를 동시에 경험하면서 시종일관 긴장을 늦추지 못한다. 이런 상반된 특성은 우리의 주의를 끌기는 하지만 온전한 몰입을 방해한다.

그러나 우리는 집중과 연상을 통해 감각을 자극하는 심미적 경험과, 끊임없이 주의를 끌지만 의미 있고 깊은 사유를 끌어내지 못하는 피상적인 자극을 혼동해서는 안 된다. 심미적 경험에 필요한 동적이고 창의적인 산만함과 우리의 일상을 지배하는 강박적이고 무의식적인 자극은 완전히 다른 것이기 때문이다. '유익한 산만함'은 기존의 사고방식을 재구성하여 새로운 시각이나 창의적인 생각을 끌어낸다. 그런데 버지니아 울프가 겪은 일상의 산만함은 이런 종류의 것이 아니었다. 집안일이나 가족과의 관계 등으로 끊임없이 방해를 받았던 울프는 자유롭게 사유하고 몽상에 빠지며 글을 쓸 수 있는 자기만의 방을 필요로 했다. 몽테뉴와 버지니아 울프의 인상주의적 문체는 논리적 전개가 아닌 순간순간 멈추고 변화하는 사유와 감정에서 생겨났다. 그들이 창작 과정에서 글쓰기를 잠시 멈추거나 멍하니 생각에 잠겨 시간을 보내지 않았다면, 그들의 사유는 지나치게 빨리 굳어져 충분히 다듬어지지 않은 채, 깊이 없는 단순한 결론에 이르렀을지도 모른다.

효율성과 생산성에 대한 강박에서 벗어나 사회에서 기대하는 성과를 기준으로 자신을 평가하지 않는다면, 우리는 비로소 산만함을 몽상이나 공상, 또는 반추로 변화시킬 수 있을 것이다. 니체는 반추의 중요성을 강조했다. 도발적이고 반항적인 사상을 펼쳤던 니체는 음식을 먹고 소화할 때처럼 지식을 받아들이고 사유할 때도 서두르지 말고 천천히 반추할 필요가 있다고 말했다. 그는 목표에 대한 지나친 집착도, 목적 없는 정신적 방황도 경계해야 한다고 강조하면서, 이를 위해서는 사람이 소에게서 한 가지를 배워야 한다고 말했다.
니체의 말을 들어보면 소처럼 행동하는 것이 그다지 나쁜 것만은 아니라는 사실을 알게 된다. 분명 니체가 『도덕의 계보』에 이렇게 썼으니 말이다. "독서를 예술의 차원으로 끌어올리려면 무엇보다도 오늘날 우리가 완전히 잃어버린 능력을 갖추어야 한다. (…) 그 능력을 되찾으려면 독자는 어떤 경우에도 '현대인'이 아닌 소가 되어야만 한다. 그 능력이란 바로 '반추'하는 능력이다."[30]

우리가 소에게 배울 점이 있다면, 그것은 소처럼 행동하는 것이 아니라 우리가 하는 일을 차분하게 반추하는 것이다. 소들이 먹이를 되새김질하면서 천천히 소화를 시키는 것에 비교하면 우리는 매사에 얼마나 성급한기! 일견 이해하기 어려워 보이는 개념을 접할 때면 우리는 얼마나 쉽게 그것을 거부하는가! 니체는 과연 얼마나 많은 독자들이 자신의 말을 소처럼 네 개의 "위장"으로 천천히 소화시킬 수 있을지 자문한다. 차라투스트라는 비천한 거지에게 이

세상에서 무엇을 구하고 있는지 묻는다. 그리고 그에게서
뜻밖의 대답을 듣는다.

◊

"이 세상에서 무엇을 구하고 있느냐고?" 그가 대답했다. "참
성가시군, 당신과 같은 것을 구하고 있지! 지상에서의 행복을
말이오. 그래서 나는 이 소들에게 지혜를 배우고 싶소. 나는
벌써 반나절을 이 소들과 이야기했고, 이제 소들이 내게 막
대답을 해주려던 참인데 왜 방해를 하시오? 우리가 스스로를
돌아보지 않고 소처럼 하지 못한다면, 우리는 천국에 들어갈
수 없을 것이오. 우리는 소들에게서 한 가지를 배워야만
하오. 바로 반추하는 것이오."[31]

반추란 자기 생각을 그저 마음속에 담아두거나 여유를
부리는 것이 아니라 깊이 사유하고 성찰하는 일이다. 깊은
성찰을 위해서는 관조적 침묵이 선행되어야 한다. 여기서
중요한 것은 하나의 목표를 향해 나아가는 것이 아니라

다양한 가능성을 탐색하는 것이다. 니체는 격렬한 토론 중에 즉각적인 대응을 피하고 침묵을 지키는 것은 매우 어려운 일이라고 인정했다. 다양한 매체를 통해 끊임없이 제공되는 정보는 즉각적인 반응을 하도록 우리를 부추긴다. 그래서 우리는 즉시 반응하지 않으면 더 빠르게 반응하는 경쟁자에게 뒤처진다는 불안감을 느낀다. 그러나 니체는 반추라는 개념을 내세워 어떤 일이든 깊이 성찰한 뒤에 반응해야 한다고 역설했다. 반추하기 위해서는 무엇보다도 정신적 여유를 가지고 한 걸음 뒤로 물러나 사유할 수 있어야 한다.

롤랑 바르트가 제시한 개념인 "비어 있는 상태"를 실천하려면 무엇보다도 목표나 성과에 대한 맹목적인 집착에서 벗어나야 한다. 바르트는 "세상의 오만한 측면은 되도록 멀리하되, 세상 그 자체와의 본질적인 교류는 유지할 수 있어야 한다"[32]라고 말했다. 앞서 니체가 언급한 소와 대화하는 거지처럼, 바르트는 즉각적인 반응을 자제하고 깊이 성찰하는 수동적인 태도를 긍정적으로 바라본다. 논쟁에서 한발 물러서 깊이 고민하고 숙고하는 것은 즉각적으로 행동하는 것보다 훨씬 더 큰 인내를 필요로 한다. 몽상에 빠지는 흔치 않은 능력 역시 마찬가지다.

'몽상'이라는 말은 '산만함'이라는 말보다 더 긍정적인 의미를 담고 있다. 상상력에 새로운 가치와 의미를 부여한 프랑스 철학자 가스통 바슐라르는 "여유롭게 사색하는 독자"가 시적 공간으로 들어갈 때, "섬세하고 구체적인 몽상"[33]에 빠지게 된다고 말했다. 그런 독자는 어떤 현실적인 목적도 없이, 시적 세계로 '천천히' 다가가 '마침내' 자신만의 속도로 그 세계에 집중하고 몰입한다. 이때 독자와 시적 세계 사이에는 일종의 상호 존중 관계가 형성된다. 바슐라르가 말한 시적 세계에 몰입하는 독자와 비교하면 우리는 쉽게 접할 수 있는 온갖 정보를 얼마나 허겁지겁 소비하고 있는가![34] 오늘날 우리가 사용하는

디지털 기기들은 시간이 가는 줄 모를 정도로 우리를
빠져들게 한다. 그것들은 마치 흡혈귀처럼 우리의 집중력을
앗아가 우리를 우리 자신과 고독에서 멀어지게 한다.
우리는 스스로를 주의력 결핍 장애로 진단하며 자책하지만,
이는 큰 오산이다. 수전 손태그의 말처럼 그것은 차라리
"주의력 과잉 장애"라고 할 수 있다. 손태그는 여행을 할
때면 글쓰기는 잠시 미뤄둔 채 듣고, 말하고, 풍성하고
다양한 경험을 하면서 대부분의 시간을 보냈다.

◊

여행 중에는 글을 쓰지 않는다. 나는 이야기하기를 좋아한다.
듣는 것도 좋아한다. 바라보는 것도, 관찰하는 것도
좋아한다. 어쩌면 나는 '주의력 과잉 장애'일지도 모른다.
무언가에 집중하는 일, 그것이 내겐 가장 쉬운 일이다.[35]

열린 마음으로 세상을 받아들이는 수용적 태도는 글쓰기와
읽기, 그리고 창의적인 사고의 토대라 할 수 있다. 이는

윌리엄 제임스나 찰스 다윈이 경계한 과도한 집중과 대척된다. 손태그가 말한 주의력 과잉 장애는 우연적이고 사소한 순간들을 기꺼이 받아들이는 태도다. 디지털 기기 화면에 끊임없이 나타나는 정보들은 언제나 채워지지 않는 탐욕스러운 욕망을 자극하고 우리는 그것들을 "별생각 없이" 받아들이지만, 손태그는 그렇지 않다. 손태그에게 집중이란 정보를 무분별하게 소비하지 않는 일이다. 그는 자신이 원치 않으며 존재하는지조차 몰랐던 것에는 관심을 두지 않는다. 창의적인 사고는 정보를 무분별하게 받아들이지 않을 때 발휘된다.

플로베르의 소설 『마담 보바리』 역시 이와 비슷한 문제를 다룬다. 주인공 엠마는 필요하지도 않은 값비싼 직물과 옷을 사들이며 내면의 공허함을 채우려 한다. 그녀가 결국 자살을 택하며 파멸에 이르는 이유는 현실에 대한 불만족 때문만이 아니라 과도한 욕망 때문이기도 하다.

우리는 밤에 꿈을 꾸면서 우리의 현실과 관계없는 기묘한 장면들을 본다. 그런데 낮 동안에 떠오르는 생각들 역시 우리가 진정으로 바라는 것, 또는 우리가 되고자 하는 모습과는 전혀 다른 실체 없는 욕망일 수 있다. 엠마가 소설 속 주인공에게 자신을 투영하는 것은 그다지 놀라운 일이 아니다. 소설은 우리 마음속의 판타지를 거리낌 없이 눈앞에 보여주기 때문이다. 그래서 엠마는 소설의 불운한 인물들이 불행을 겪는 장면을 읽고 나면 자신의 감정과 충동을 억제하지 못한다. 그러나 오늘날 우리의 주의력 결핍을 월터 스콧이나 조르주 상드의 소설 탓으로 돌리기는 어렵다. 그럼에도 19세기의 자극적인 소설들은 쉽게 지루해하고 더욱 흥미로운 즐길 거리를 찾아 헤매는 오늘날의 세태를 예고한다. 스스로를 괴롭히며 불만족스러운 현실에서 도피하려는 엠마에게서 도파민을 분출시켜 줄 자극을 찾아 헤매는 우리의 모습이 겹쳐 보인다. 인터넷에서 뚜렷한 목적 없이 흥미를 따라 이리저리 헤매며 정보를 탐색하는 행위는 우리의 사고방식을 변화시켜 우리를 즉각적인 만족을 추구하는 파블로프의 개와 같은 존재로 만들어버린다.

디지털 기기에서 사용하는 프로그램이나 앱처럼, 엠마의 쇼핑 중독은 더 큰 만족을 위해 즉각적인 만족을 뒤로 미루는 경험을 불가능하게 한다. 만족 지연을 실현하기 위해서는 능동적인 태도를 가져야 하며, 육체와 정신을 모두 동원해야 한다.[36] 우리는 대개 산만함과 명상이 완전히 다른 것이라 생각한다. 하지만 이번 기회에 산만함의 개념을 확장해 보면 어떨까? 산만함을 정신적 장애나 생각의 흐름을 끊는 장애물로 취급하기보다, 잠시 정신을 쉬게 하는 휴식으로 받아들여 보면 어떨까? 같은 맥락에서 오늘날 주의력 결핍의 해결 방인으로 제시되는 '집중력'을 어떠한 특정한 목적 없이 무언가에 지극히 순수하게 몰입하는 경험으로 받아들여 보면 어떨까?

"천천히 읽는 법을 가르치는 선생"[37]을 자임한 니체는 빠른 걸음으로 목적을 향해 가는 것보다 느긋하게 사색하며 집중력을 발휘할 때 예기치 못한 통찰에 이를 수 있다고 말했다. 그는 아마도 운동화를 벗어 던지고 몽테뉴처럼 굴곡진 길을 느긋하게 산책하는 일을 가치 있게 여겼을 것이다. 몽테뉴를 열렬히 존경했던 니체는 형식에 얽매이지 않고 다양한 주제를 자유롭게 써 내려간 몽테뉴의 문체를 좋아했다. 몽테뉴는 여기저기서 꽃을 찾아다니다 나중에는 자기만의 특별한 꿀을 만들어내는 꿀벌에 자신을 비교했다.

◊

꿀벌들은 여기저기 다른 꽃에서 꿀을 따다가 자신들만의 꿀을 만든다. 백리향 꿀도 아니고 꽃박하 꿀도 아닌 벌꿀을 말이다. 이처럼 학생은 여기저기서 빌려온 것을 변화시키고 섞어 그와는 완전히 다른 자기 자신의 것, 즉 자신만의 견해를 만들어낸다. (…) 학생은 작은 방이나 정원, 식탁이나 침대, 혼자서 또는 여럿이서, 아침이든 저녁이든 언제 어디서고 배울 수 있다.[38]

꿀벌이 이 꽃에서 저 꽃으로 옮겨 가듯, 이 생각에서 저 생각을 자유롭게 오가는 것은 정신의 토양을 갈아엎고 생각을 환기할 수 있는 좋은 방법이다. 다만 이를 위해서는 눈에 보이는 결과나 성공만을 중시하는 태도에서 벗어나야 한다.

키르케고르는 인생에 대한 두 가지 견해를 제시한 에세이 『이것이냐 저것이냐』에서 우연적인 요소들이 더 높은 차원의 집중을 가능하게 한다고 말했다. 예상치 않은 순간에, 정신이 흐트러지거나 산만해질 때, 또는 권태로울 때 강한 집중력이 발휘될 수 있다는 것이다. 그러면서 그는 이렇게 말했다. "끊임없이 움직이면서도 지치지 않으며 매사를 하나의 일로 생각하는 데 특화된 사람들이 있다. 그들은 인생 전체를 하나의 일로 생각하면서 사랑에 빠지고 결혼을 한다. 또한 그들은 재미있는 이야기를 듣고 뛰어난 재주에 감탄할 때도 일을 할 때처럼 열정적으로 반응한다."[39] 그러나 이런 이들과 달리 산만함 속에서도 집중에 이르는 사람들이 있다. 우리는 바로 그런 이들에게 관심을 가져야 한다. 키르케고르는 학자인 체하는 어떤 이의 지루한 철학적 담론을 들으며 집중하려 애쓰지만 자꾸 산만해지는 자신을 발견한다. 이제 그만 집중하기를 포기하려던 순간, 조금도 철학적이지 않은 사소한 장면이 그의 눈길을 사로잡는다. 바로 말을 하고 있는 상대의 이마와 코를 타고 흐르는 땀방울이다.

◊

나는 어쩔 수 없이 어떤 이의 장광설을 참고 들어주어야 했다. 그는 줄곧 지루하기 짝이 없는 철학적 담론을 늘어놓았다. 더는 참을 수 없겠다고 생각한 순간, 나는 그가 유난히 땀을 많이 흘린다는 사실을 발견했다. 그 모습이 내 주의를 끌었다. 그의 이마에 맺힌 땀방울들은 하나로 합쳐져 콧잔등을 타고 흐르다가 코끝에 맺혀 달랑거렸다. 그때부터 모든 것이 바뀌었다. 나는 그가 계속 이야기를 늘어놓도록 부추겼다. 그저 그의 이마와 코에 땀방울이 맺히는 것을 보며

사악한 즐거움을 느끼려고 말이다.[40]

키르케고르가 이 우스꽝스러운 에피소드를 통해 설명하듯, 집중을 통해 즐거움을 맛보는 비결은 자의적으로 관점을 변경함으로써 예상치 못한 것, 부적절한 것에서 권태를 물리쳐 줄 요소를 발견하는 것이다.[41] 장난스럽고 짓궂었던 키르케고르는 지루한 상황에서 유희적 요소를 찾아내며 그 순간을 견뎌냈다. 고루하고 단순한 사고방식을 거부했던 그는 감각적인 경험에 몰입하고 지엽적인 요소들에 집중하면서 즐거움을 느꼈다. 그는 이런 방식을 다른 일에도 적용하면 예상치 못한 결과를 얻을 수 있다고 말했다.

◊

연극을 중간부터 보기 시작해 보자. 책을 3부부터 읽어보자. 그렇게 함으로써 우리는 작가가 전혀 의도하지 않았던 즐거움을 맛볼 수 있다. 예기치 못한 우연한 경험은 우리를 즐겁게 하고 새로운 관점으로 삶을 바라볼 수 있게 해준다. 그리고 그런 관점에서 보면 모든 현실이 새롭게 느껴진다.[42]

자의적인 관점의 변화를 통해 지루함을 타파하고 즐거움을 느낄 수 있다고 말한 키르케고르의 주장은 정신의 산만함을 부정적인 시선으로만 바라보는 오늘날의 세태를 돌아보게 한다. 여러 가지 일을 동시에 실행하는 그의 삶의 방식은 우리에게 시사점을 던진다. 성 아우구스티누스와 파스칼의 철학을 조소하며 몽테뉴의 철학을 확고하게 지지한 키르케고르는 그렇게 쾌락과 자유로운 사고를 중시한 위대한 철학자들의 대열에 합류한다. 그럼 이쯤에서 산만함을 부정적인 시선으로 바라봤던 사람들의 주장을 살펴보자.

1673년, 프랑스 외교관이자 스웨덴 크리스티나 여왕의 친구였던 앙투안 드 쿠르탱은 사람들이 자기 생각을 체계적으로 정리하고 통제할 수 있기를 바라며 『게으름에 관한 논고』[43]를 출간했다. 그는 일과를 시간별로 계획하고, 자신이 제시한 규칙을 따르도록 독자들을 독려했다. 그는 온갖 산만한 생각을 통제하려 했던 청교도적 전통을 지지했다. 이런 전통을 대표하는 인물로는 미국 신학자 조너선 에드워즈를 꼽을 수 있다. 그는 예일대학교에 부임한 뒤 심란한 마음을 다잡기 위해 여러 절박한 시도를 하며 이를 일지에 기록했는데, 그의 노력은 어떤 면에서 처절하기까지 하다. 그는 예일대학교 강사 생활을 하면서 정신적 산만함으로 괴로워한다. 이를 극복하기 위해 스스로에게 엄격한 규율을 부과하며 자신의 일상을 체계적으로 통제하려 했다. 어떻게 해야 정신이 산란해지지 않을까? 식사를 줄이면 과도한 활동이 억제되고 정신의 혼란이 누그러지지 않을까? 잠을 줄이면 더욱 명료한 사고를 할 수 있지 않을까? 그는 하느님 말씀에 언제든 귀 기울일 수 있도록 하루를 체계적으로 관리해 맑은 정신을 유지하려 했다. 그는 자신의 생각이 정해진 경로에서 벗어나지 않기를 바랐고, 어떤 일탈도 용납하지 않았다.

◊

생각에 빠져 너무 많은 시간을 보내서는 안 된다. 비록 중대하고 필수적인 현실의 문제라고 해도 말이다. 또한 어떤 문제든 긴급성과 중요성에 비례해 생각할 시간을 할애해야 한다. (…) 쓸데없는 잡념이 들 때는 공부에 전념하며 그 생각을 떨쳐버리는 것, 그것이 올바른 방법일 것이다. 그렇게 하면 그런 잡념이 나를 무기력하게 만들지 못할 테니 말이다. (…) 특정한 주제에 대해서는 숙고하는 시간을 가져도 좋을 것이다. (…) 현재로서 나는 쓸데없는 생각이나 명상에 빠져 시간을 낭비해서는 안 된다고 생각한다.[44]

성 아우구스티누스의 가르침에 따라 쓸데없는 생각을 하면서 시간을 낭비해서는 안 된다고 말한 앙투안 드 쿠르탱과 조너선 에드워즈는 자신의 정신 활동을 엄격하고 면밀하게 기록해야 한다고 동시대인을 설득했다. 그들이 오늘날 인터넷에 과도하게 빠져 시간을 효율적으로 사용하지 못하는 사람들을 봤다면, 허투루 낭비되는 시간을 깨달을 수 있도록 시간별로 자신의 활동을 기록해 보라고 권유하지 않았을까? 이런저런 상념들로 정신이 산만해질 수는 있지만, 그 때문에 시간을 낭비하는 것은 완전히 다른 문제다. 그러니 우리도 청교도적 관점을 받아들여 보면 어떨까? 정신의 산만함을 스스로 통제하기 어렵다면, 외부의 도움을 받아 습관을 바꿀 필요가 있다. 몽상과 산만함에도 분명 부정적 측면이 존재하기 때문이다. 더구나 에드워즈와 같은 신학자가 몽상 때문에 하느님께 바쳐야 할 시간이 낭비되는 것을 어떻게 용납할 수 있었겠는가?

그런데 청교도적 전통뿐만 아니라 데카르트와 같은 철학자들 역시 정신의 산만함을 물리치기 위해 자신을 철저히 통제해야 한다는 주장을 펼친 바 있다. 이성을 위협하는 환상을 끊임없이 경계하고, 우리가 보고 느끼는 모든 것이 허상일 수 있다고 주장한 데카르트의 철학은 산만함과 집중력을 극단적으로 대립시키는 결과를 불러왔다. 데카르트는 『성찰』과 『방법서설』에서 정신의 산만함을 통제해야 하며, 현실이나 꿈속에 나타나는 헛된 환상을 경계해야 한다고 말했다. 데카르트는 정념을 통제하고 관리하는 능력은 개인의 정체성을 형성하는 중요한 요소인 반면, 산만함은 우리를 게으르게 만드는 적이기에 물리쳐야 한다고 역설했다. 실제로 데카르트는 『성찰』에서 게으름과 집중력을 대비시키면서 감각이란 명료한 사고와 이성을 방해하는 교활한 악마의 속임수라고 말했다. 그는 자신을 둘러싼 악마를 통제하고 억압해야 하며, 그런 악마의 유혹은 어디에나 존재한다고 믿었다. 그래서 데카르트는 악마의 유혹을 떨쳐내기 위해 "감각으로 경험하는 모든 것들은 헛된 몽상과 환상일 뿐, 그 무엇도 아니며"[45] 그 모든 것들에서 벗어나기 위해 노력해야 한다고 주장했다.

데카르트의 주장을 오늘날 관점으로 재해석하면 어떨까? 당신이 보는 것, 느끼는 것을 절대 믿지 마라. 삶이란 안일하게 감각에 의존하는 것이 아니라, 생각하는 법을 배우는 것이다. 기존의 사고방식을 해체하고 재구성하라. 첫인상을 믿지 말고, 직관에 반하는 사고를 하라. "어떤 거짓도 믿지 말라. 그대가 명료한 정신을 갖고 있다면, 그대를 속이려는 자가 제아무리 교활하다 해도 그대에게 조금도 영향을 미칠 수 없을 것이다."[46] 그러나 그게 어디 말처럼 쉬운가? 데카르트는 "그 노력은 힘들고 고되다"라고 토로했다. 그는 자신을 괴롭히는 산만한 정신을 통제하려고 애를 써도, "어느덧 게으름에 빠져 본래의 삶으로 되돌아가기 일쑤고, (…) 다시 예전의 사고방식으로 돌아가 거기에서 쉽게 벗어나지 못한다"라고 한탄했다. 데카르트는 산만해지는 자신을 책망하면서, 종잡을 수 없는 상념이 계속 자신을 혼란스럽게 할까 염려했다. 그에게 감각이란 집중력을 앗아가는 교활한 뱀이자, 숭고한 진리와 지혜로 가는 길을 막는 장애물이었다. 그는 감각을 믿어서는 안 된다고 생각했지만, 그것을 쉽게 떨쳐내지 못했다. 그는 논리적인 산문이 아니라 감성적인 시에 가까운 감각이라는 장애물이 자신을 자극하여 몽상에 빠지게 한다고 말했다. 그래서 그는 "하늘, 공기, 땅, 색채, 형상, 소리, 그리고 외부 세계의 모든 것들은 그저 환상이자 몽상에 불과하며, 우리를 속이는 유혹의 함정들"[47]이라고 말했다. 그렇지만 세상의 헛된 유혹을 어떻게 모두 뿌리칠 수 있겠는가? 모든 색을 무채색으로 바꾸고, 소리를 멜로디로 바꾸지 않으면 될까? 우리의 감각을 사로잡는 모든 것을 피해야 할까? 데카르트가 말한 교활한 악마든, 오늘날의 집중력 결핍이든, 여기서 우리가 물리쳐야 할 적은 목표한 방향으로 꾸준히 정신을 집중하려는 우리의 노력을 방해하는 모든 것이다. 세상은 온갖 감각적 자극과 혼란으로 가득 차 있으며, 그 모든 것이 이성적 사고를 방해하려 음모를 꾸미고 있다.

우리는 데카르트처럼 모든 감각적 경험을 엄격하게 통제하지는 않지만, 그에게서 산만함에 대한 죄책감을 물려받았다. 청교도적 전통을 따르면서도 자율성에 대한 욕구를 가진 우리는 산만함에 이끌리면서도 그것을 거부한다. 정신의 산만함과 혼란을 자연스럽게 받아들이되, 그것에 휘둘리지 않으려면 어떻게 해야 할까? 미국 철학자 매슈 크로퍼드는 정신과 물질을 별개로 여긴 데카르트의 이원론에 반기를 들며, 산만함을 자율성을 추구하는 또 다른 방법이라고 주장했다. 우리는 어떤 대가를 치르더라도 자유롭고 싶어 하며, 때로는 자유 그 자체가 목적이 되기도 한다. 자유는 예측할 수 없는 방향으로 끊임없이 분기하는 특성이 있어 어디로든 뻗어 나가지만 어디에도 도달하지 않는다. 허먼 멜빌의 단편소설 『필경사 바틀비』의 주인공은 규율을 따르지 않고 권위에 도전하며 순종하지 않는 태도로 자율성을 드러낸다. 매슈 크로퍼드에 따르면, 자율성은 "사회의 필수적인 요소"이며 "무조건적인 의지가 순수하게 발현되는"[48] 자유다. 이처럼 자율성이 존중되는 사회에서 게으름은 더 이상 악덕이 아니라 노동 윤리에 맞서는 투쟁이며 획일적이고 타율적인 방식을 따르지 않겠다는 선언이다.

매슈 크로퍼드는 인터넷 사용을 산만함의 주범으로 지목하는 기존의 비판적 시각과는 전혀 다른, 새로운 관점을 제시한다. 디지털 기기를 사용하면서 탭하고, 스크롤하고, 다운로드하는 것이 사실 통제 가능한 대안 현실을 만들어내는 것이라면? 외부 세계와 차단된 안전한 가상현실에서 불안감을 잊고 안정감을 느낄 수 있다면? 미국 예술 비평가 조너선 크레리는 이런 모순에 대해 "정보통신 시스템은 자유롭게 이곳저곳을 탐색할 수 있는 가능성을 제공해 주는 듯 보이지만, 사실 그것은 우리를 한곳에 가두고 고립시킬 뿐"[49]이라고 지적했다. 디지털 기기를 사용할 때 우리가 느끼는 안정감은 행위와 무위, 연결과 단절이 결합된 결과에서 비롯되는 감정이다. 그래서 디지털 기기를 사용하여 타인과 교류하는 행위는 종종 원만한 사회적 상호작용으로 오해되기 십상이다.[50]

시종일관 논리적이고 명료한 사고를 하며 사소한 정념까지 통제하려 한다면, 백전백패일 수밖에 없다. 주변을 인식하거나 사유할 때, 우리는 본래 일관되거나 논리적이지 않다. 감각적이고 지적인 자극에 끊임없이 방해를 받는 우리는 자연스럽게 산만해질 수밖에 없다.[51]

줄거리나 인과관계를 무시하고 의식이 떠오르는 대로 이야기를 서술한 영국 작가 로런스 스턴의 소설 『트리스트럼 샌디』는 우리의 이런 특성을 잘 보여준다. 이 책의 주인공 트리스트럼 샌디는 복잡하게 얽힌 자기 삶을 이야기로 풀어내려 하지만, 그 과정에서 여러 사건이 끼어들며 결국 본래 하려던 이야기는 완전히 방향을 잃고 만다. 이처럼 산만한 생각은 창의적인 연상을 불러오고 크로퍼드가 말한 자율성을 높여주지만, 동시에 자신을 통제할 수 없다는 불안감을 불러일으키기도 한다. 이런 불안감을 해소하기 위해(또한 파괴된 이성을 회복시키기 위해) 데카르트는 철학적 성찰에 몰두했다. 그는 사유의 능력을 키우는 훈련이야말로 당위와 존재, 생각과 감정을 조화시키고 신의 신성한 계획에서 벗어나지 않을 수 있는 유일한 방법이라 주장했다. 그는 성찰하며 스스로를 통제하고 존재와 사유를 논리적이고 이성적인 방식으로 결합하려 했다.[52] 그런데 키르케고르는 지나치게 목표에만 집중하면 오히려 중요한 본질을 놓칠 수 있다고 지적했다.

산만함은 종종 정신의 혼란으로 간주되어 부정적인 평가를 받지만, 다른 시각에서 보면 그것은 자신을 되돌아보고 변화할 수 있는 계기를 마련해 주기도 한다. 실제로 루소는 레만호수를 산책하며 자주 사색에 잠겼고, 무질서하게 떠오르는 몽상 속에서 내면의 깊은 자아를 발견했다.

◊

밀려왔다 밀려가는 저 물, 끊임없이 소리를 내지만 때때로 큰 소리를 내며 쉬지 않고 내 귀와 눈을 때리는 저 물의 흐름은 몽상이 내 안에서 없애버린 사유의 공백을 채워주었고, 일부러 생각하지 않아도 충분히 내 존재를 느낄 수 있게 해주었다. 이따금 불안한 세상사에 대한 가볍고 짧은 상념이

떠올랐고 그 이미지가 수면에 비쳤다. 그러나 이내 그 가벼운 인상은 사라지고 말았다.[53]

루소는 정신이 산만해지는 것을 걱정하기보다 몸이 느끼는 감각과 내면에서 일어나는 생각을 균형 있게 조화시키려 했다. 따라서 그는 요즘 유행하는 '마음 챙김' 명상을 최초로 실천한 사람이라 할 수 있다. 그는 밀려왔다 밀려가며 찰랑대는 물소리에, 그 들쑥날쑥한 리듬에 자신을 내맡긴 채 피상적이고 형식적인 말들을 삼가고 오직 소리와 감각에 몰입한다. 그는 이런 감각에 오롯이 몰두하고 자신의 내면 깊은 곳을 들여다보기 위해 도시의 복잡한 생활 방식을 단호하게 포기했다.

대개는 집중력을 유지하려는 자기 통제와 산만함을 대립적 개념으로 보지만, 루소는 수면의 움직임을 감각적으로 경험하면서 동시에 거기에서 긍정적인 효과를 끌어낸다. 그는 자발적으로 자신을 사회와 단절시켰다. 진정한 자아를 되찾기 위해 스스로 고립을 택한 것이다. 이처럼 의도적인 고립은 멀티태스킹이나 산만함과는 본질적으로 다르다. 앞서 언급했듯이, 산만함은 정신을 분산시켜 예상치 못한 곳으로 우리를 이끌고 간다. 실제로 루소는 과도한 집중이 아닌 몽상을 통해 자신을 사회적 자아에서 해방시키고 마침내 진정한 자아를 되찾는다. 그러나 사회적 관계에서 벗어나 홀로 은둔하는 것은 또 다른 문제다. 자발적 고립은 외부 세계와의 관계를 단절시켜 자기중심적 생각에 빠지게 하고, 정서에도 부정적 영향을 미친다. 그러므로 우리는 산만함을 물리치는 것이 아니라, 세상 속에 더불어 살면서 어떻게 집중력을 키울 수 있을 것인가를 고민해야 한다.

앞서 보았듯이, 루소와 동시대인이자 한때 그의 친구였던 흄 역시 집중의 이로움과 해로움에 대해 깊이 성찰했다. 흄은 오늘날 우리가 우려하는 ADHD, 즉 주의력 결핍 장애를 철학적 관점에서 해석해 줄 수 있는 철학자다. 루소의 편집증이 악화하면서 친구였던 둘 사이는 결국 틀어졌지만, 흄은 루소가 『사회계약론』 등 여러 저서를 출간하면서 당시 프랑스 권력 집단의 박해를 받자, 그를 영국으로 초대해 은신처를 마련해 주기도 했다.[54] 그곳에서 두 사람은 산만함의 이로움과 해로움에 대해, 그리고 시작도 끝도 없이 자유롭게 흐르는 비선형적 사고의 숨겨진 장점에 대해 논했다. 흄은 한 대상에 주의를 기울이되 과도하게 몰입하지 않아야 한다는 참신한 주장을 펼쳤는데, 나는 이를 '관조적 집중'이라 부르고 싶다. 흄은 철학적 난제(예컨대 데카르트의 이론을 반박하려는 시도)를 풀겠다며 지나치게 몰입하는 자신의 집착을 비판적으로 성찰하면서 과도한 집중을 경계하고 산만함의 가치를 옹호했다. 그는 풀리지 않는 어려운 문제와 씨름하기보다 한 걸음 뒤로 물러나 "주의를 다른 데로 돌리고 무심해질 필요가 있다"라고 말했다. 이런 흄의 입장 변화에 당황하고 분개한 영국 철학자 버트런드 러셀은 훗날 흄이 이성을 망쳐놓았다며 이렇게 비난했다.

◇

그것이 사실이든 아니든 흄의 철학이 18세기 이성주의의 파탄을 초래했다고 해도 과언이 아니다. (…) 19세기에서 20세기 초에 나타난 비이성의 확산은 흄이 경험론을 탐구하다가 극단적 회의주의에 빠지면서 자연스럽게 따라온 결과였다.[55]

버트런드 러셀은 정신의 나약함과 산만함을 논리적이고 이성적인 사고만큼 중요하게 여긴 흄을 혹독하게 비판했다.

흄은 산만함을 긍정적으로 바라보긴 했지만, 뇌와 정신이 분리되어 있다는 관점에는 동의하지 않았다. 아마도 그는 뇌의 여러 영역에 있는 신경들이 서로 복잡하게 연결되어 뇌가 기능한다는 사실을 직관적으로 알았을 것이다. 서로 밀접하게 연결되어 상호 의존하는 뇌신경 회로들은 끊임없이 재생되고 재충전된다. 복잡하게 얽혀 있는 뇌신경 회로에서 독자적으로 움직이는 것은 아무것도 없다. 신경 신호가 뉴런의 말단에 도달하면 시냅스를 통해 다음 뉴런으로 신호를 전달하는 화학적 메신저인 신경전달물질이 방출되고, 이 물질들은 이동하며 특정한 작용을 일으킨다. 이처럼 복잡한 과정에서 뉴런은 다양한 정보를 받아들이고 저장한다. 그래서 정신이 뇌의 영향을 받지 않는 독립적이고 자기 통제 능력을 가진 실체라고 주장한 데카르트의 이원론은 근대 이후 많은 비판에 직면할 수밖에 없었다.

이성에 의한 합리적 사고를 중시한 데카르트와 전혀 다른 관점을 제시한 흄의 주장은 우리에게 흥미롭게 다가온다. 한 가지 문제에 지나치게 몰두하는 성향이 강했던 흄은 과두한 집중의 덫에 빠지지 않으려고 애썼다. "몇 시간이고 한 주제에 몰두할 수 있는 지속적인 집중력"은 "천재적인 재능"[56]이라고 주장한 윌리엄 제임스와 달리, 흄은 논리적이고 일관된 선형적 사고에서 벗어나 파편적으로 흩어져 있는 다양한 삶의 순간들을 경험하고자 했다.

흄이 그랬던 것처럼 자발적으로 산만함을 받아들인다면, 우리는 우리의 산만함을 돌아보고 문제점을 개선할 수 있을까? 우리는 흄이 선형적 사고를 거부하면서도 현실의 삶에 적극적으로 참여했다는 사실에 주목해야 한다. 흄은 과도한 집중이 자기중심적이고 유아론적인 반면, 산만함은 타인과의 유대와 연대를 강화한다고 말했다.

◊

나는 저녁을 먹고, 주사위 놀이를 하고, 친구들과 이야기하며 즐거운 시간을 보낸다. 그렇게 유쾌하게 서너 시간을 보내고 나서, 다시 논리적 사유를 하려고 하면 그것이 너무 냉정하고 억지스러우며 우스꽝스럽게 느껴져서 그 일에 몰두할 마음이 들지 않는다. (…) 그렇지만 내게는 아직 예전의 성향이 남아 있다. 때때로 모든 책과 문서들을 불에 던져버리고 다시는 이성적 사유와 철학을 위해 삶의 즐거움을 포기하지 않겠다는 다짐을 해야 할 정도로 말이다.[57]

모든 활동의 원천을 이성으로 규정한 데카르트나 세상을 등지고 자발적 고립을 택한 루소와 달리, 흄은 이성적 논리와 헛된 사색에 집착하는 자신을 자조했다("다시 논리적 사유를 하려고 하면 그것이 너무 냉정하고 억지스러우며 우스꽝스럽게 느껴져서 그 일에 몰두할 마음이 들지 않는다"). 감각적 경험 역시 논리적 사유만큼이나 중요하게 여긴 흄은 편협하고 경직된 사고를 비판하며 서로의 생각과 감정을 자유롭게 나누는 열린 대화의 중요성을 강조했다. 그러니 우리도 스스로에게 여유를 허락하고, 논리적 사고와 구체적 경험 사이의 균형을 맞추며 어느 쪽에도 치우치지 않는 중용의 길을 걸어보면 어떨까?

흄은 놀이를 그저 가벼운 즐거움을 추구하는 행위로 치부해서는 안 된다고 말했다. 그런 놀이가 없다면, 이성적 사고와 감각적 경험 사이의 균형이 심각하게 훼손될 위험이 있다는 것이다. 독일 문학가이자 철학자 프리드리히 실러는 『프리드리히 실러의 미적 교육론』에서 이와 비슷한 견해를 제시했다. 그는 "놀이야말로 인간이 할 수 있는 모든 행위 중에서도 그를 완전하게 만들어주고 그의 두 가지 본성을 동시에 펼칠 수 있게 해주는 것으로서, (…) 인간은 오직 이 말이 온전하게 받아들여지는 곳에서만 놀이를 하고, 놀이를 하는 곳에서만 온전한 인간이 된다"[58]라고 말했다. 그는 놀이는 육체와 정신의 상호작용을 촉진하면서도, 일상적인 욕구나 외부의 제약에서 벗어날 수 있게 해준다고 말했다. 실러의 놀이 이론은 합리주의를 비판한 흄의 주장과 '유익한 산만함'에 힘을 실어준다. 영국 인지과학자 콜린 체리는 칵테일파티처럼 여러 사람의 목소리와 잡음이 가득한 시끄러운 상황에서 우리의 집중이 어떻게 분산되고, 우리가 자신에게 흥미로운 이야기를 어떻게 인식하는지를 관찰한 후, 대중적으로 널리 알려진 '칵테일파티 효과'라는 이론을 도출했다.[59]

이 이론에 따르면, 우리는 많은 사람이 모인 시끄러운 장소에 있어도 자신에게 의미 있는 정보들은 선택적으로 받아들일 수 있다. 당연하게 여겨질 수 있지만, 이는 우리가 존재하는 동시에 부재할 수 있다는 사실을 명확하게 보여준다. 실제로 한 사람과의 대화에만 집중하려 애쓰면서 나머지 소리를 완전히 차단하려고 하면 엄청난 정신적 피로와 혼란이 유발된다. 그러니 흄이 말한 것처럼, 산만해질 수밖에 없는 인간의 본성을 이해하고 여러 상황이나 감정을 동시에 수용할 수 있는 우리의 능력을 존중해 보면 어떨까?

그렇다면 우리는 집중력을 유지하기 위해 끊임없이 노력해야 할까, 아니면 때때로 정신을 느슨하게 하고 여유를 가져야 할까? 설정한 목표에 집중하며 단조로운 삶을 살아야 할까, 아니면 온전히 집중하지 못한다 해도 기꺼이 다양한 경험을 하며 살아야 할까? 앞서 알베르 피에트는 인류학적 관점에서 볼 때 우리의 산만함이 결점이 아니라 생존에 필요한 정신적 기제라고 설명했다. 오직 인간만이 존재하는 동시에 부재할 수 있으며, 끝없이

이어지는 무의미한 생각들을 감당할 수 있다. 그래서 우리는 침팬지나 원숭이와 달리 불확실성과 모호함을 창의성으로 발전시킬 수 있다. 주변에서 일어나는 모든 일에 집중할 수 없다고 해도, 무엇이 문제인가? 중대한 일과 사소한 일 사이에서 균형을 잡고 양쪽을 자유롭게 오갈 수 있는 것은 약점이 아닌 강점이다. 피에트가 지적한 것처럼, 진화의 관점에서 볼 때 명백히 약점으로 보이는 산만함은 인간에게 창의성이라는 특성을 부여했다. 이런 창의성은 주의력이 분산될 때 더욱 풍부해지고, 유희적 요소와 비극적 사고를 균형 있게 조화시킨다.

그런데 인류학적 관점에 따른 산만함에 대한 설명이 아무리 설득력이 있다고 해도, 오늘날 대부분의 사람이 주의력 결핍을 사회적 문제로 인식하는 마당에 과도한 집중을 비판한 흄의 주장을 지지하거나 산만함을 옹호할 수 있을까? 산만함이 뇌에 부정적 영향을 미친다고 경고하는 최근의 연구와 저작들은 셀 수 없이 많다. 우리의 뇌가 망가지고 있다고 말하며 주의력 결핍과 기억력 저하를 우려하는 목소리 역시 하루가 다르게 커지고 있다. 그러나 전혀 새로울 것 없는 이런 비관적 견해에 흔들릴 필요는 없다. 예컨대 파스칼은 놀이가 인간을 타락시킨다고 말했고, 루소는 타인과 맺는 다양한 사회적 관계가 인간에게 부정적 영향을 미친다고 주장했다. 그러면서 두 철학자는 동시대인이 깊은 성찰을 소홀히 하며 피상적인 삶을 살고 있다고 비판했다.

파스칼은 『팡세』에서 인간은 본래 내면의 고독과 공허를 두려워한다고 말했다. 400년 전에 나온 책이라는 게 믿어지지 않을 만큼 인간에 대한 그의 통찰은 날카롭다. 놀이는 복잡한 세상사를 잊고 삶의 짐을 가볍게 하는 가장 쉬운 방법이다. 할 수 있는 일이 아무것도 없는 방에 혼자 있다는 상상을 해보자. 아마도 우리는 그곳에서 벗어나기 위해 미친 듯이 발버둥을 칠 것이다. 산만함은 자기 성찰의 괴로움을 피하기 위한 자연스러운 방어기제라 할 수 있다. 파스칼은 『팡세』에서 권태에 대한 번뜩이는 통찰을 보여주었다.

◊

우리의 비참함을 위로하는 유일한 한 가지는 놀이다. 그러나 놀이야말로 우리의 비참함 중에서 가장 비참한 것이다. 놀이는 우리를 자아 성찰에서 멀어지게 하고, 부지불식간에 우리 자신을 잃게 만들기 때문이다. 놀이를 하지 않으면 우리는 권태를 느낀다. 그리고 그 권태 속에서 권태에서 벗어날 수 있는 가장 확실한 방법을 궁리한다. 반면 놀이는 우리를 잠시 즐겁게 할 뿐, 알지 못하는 사이에 우리를 죽음에 이르게 한다.[60]

파스칼의 통찰은 끊임없이 무언가를 하며 시간을 더 빨리 흘러가게 하려는 우리의 시도가 얼마나 그릇된 것인지 보여준다. 그는 권태를 견디지 못하고 바쁘게 시간을 보내려는 노력은 도리어 우리 생의 끝을 앞당기는 결과를 가져올 뿐이라고 경고한다.

독일 철학자 하이데거는 여기서 한 걸음 더 나아가 산만함에 대한 해결책으로 '깊은 권태'를 제시했다. 그는 인간이 기꺼이 권태를 마주할 때 비로소 진정성 있게 자기 존재와 공명할 수 있다고 말했다. 알베르 피에트는 존재하는 동시에 부재하는 인간의 능력을 숨겨진 장점이라 여겼지만, 하이데거는 이것이 존재의 위기를 초래한다고 주장했다. 하이데거는 '현존재'와 '존재 망각'을 대립시켜 인간의 모순적인 특성을 드러내고자 했다. 그는 '현존재'가 죽음을 의식하고 자신의 존재 가능성에 대해 고민하며 시간 속에서 의미를 찾으려 해도, 일상에 몰두하다 보면 어느새 자신의 존재를 잊고 '존재 망각'에 빠지게 된다고 설명했다. 흄이나 프리모 레비는 과도한 집중과 강박을 부추기는 편협한 시각에서 벗어나야 한다고 주장한 반면, 하이데거는 '존재 망각'이 존재의 위기를 불러온다고 주장했다. 하이데거는 시간의 끔찍한 권태 속에서 인간은

비로소 본래적 자아를, 존재의 자유를 되찾을 수 있다고
역설했다.[61] 존재의 의미를 탐구하기 위해 깊은 성찰을
해야 한다고 주장한 그는 기회만 되면 다른 데로 눈을
돌리고 단기적인 만족을 추구하는 이들을 비판했다. 그럼
우리도 이제부터 복잡한 내면의 상태를 가만히 들여다보는
것은 어떨까? 그러기 위해 우리는 홀로 있는 법, 두려움을
감내하는 법, 살아가면서 겪어야 하는 크고 작은 경험은
짧고 순간적이며 고통스러울 수 있다는 사실을 받아들이는
법을 배워야 한다.

그런데 여기서 중요한 것은 하이데거가 제시한 고통스럽고
극단적인 성찰의 방식 그 자체가 아니라, 그것이 권태와
근본적으로 어떤 관계를 맺고 있는지를 이해하는 것이다.
이런 성찰이 없다면, 인간은 과거, 현재, 미래의 세 가지
차원을 통합하는 유한한 존재로서 자신을 이해할 수 없고,
그로 인해 존재의 본질적인 의미를 발견하지 못하게 된다.
하이데거가 말하는 권태는 단순히 불편한 감정이 아니라,

인간 존재의 본질을 탐구하게 하는 강렬한 경험이다. 독일 철학자 얀 슬라비가 지적한 것처럼, "권태를 사소하고 대수롭지 않은 감정으로 치부하지 않으며 놀이로 회피하려 들지 않고 진지하게 받아들일 때 우리의 존재는 근본적으로 변화"[62]할 수 있다. 즉각적인 만족을 추구하지 않고 무위의 힘을 깨달을 때, 삶의 지평은 더욱 넓어진다. 우리가 무의식적으로 회피하려 했던 것들을 존재의 중심에 놓을 수 있다면, 우리는 뜻하지 않게 더욱 깊은 성찰에 이를 수 있을 것이다.

하이데거는 『형이상학의 근본개념들』에서 산만함에 대한 치료제로서 권태가 우리 삶을 근본적으로 변화시킬 수 있다고 말했다. 권태를 경험하지 않으면 우리는 그 무엇도 진지하게 경험하지 못한 채 피상적인 삶을 살게 된다. 또한 무의미하게 시간을 흘려보내면서도 자신이 시간을 얼마나 허비하고 있는지 인식하지 못하게 된다. 그러나 권태를 의식적으로 받아들이고 적극적으로 수용할 때, 존재의 본질을 성찰할 수 있으며, 더 의미 있는 삶을 살아갈 수 있다. 자발적 권태의 긍정적인 면을 깨닫게 되면 집중력을 다른 관점으로 바라볼 수 있다. 예컨대 성 아우구스티누스는 "파리를 잡는 도마뱀이나 거미줄로 벌레를 휘감는 거미"에 쉬이 산만해지는 자신을 이렇게 자책했다. "나는 왜 이런 결점을 고치지 못하는가, (…) 내 정신은 산만한 생각들과 무의미하고 불필요한 것들로 가득 차 있다."[63] 그러면서도 그는 알록달록한 도마뱀이 자신을 하느님에 대한 사랑에서 멀어지게 만들기도 하지만, 뜻하지 않게 자신을 권태에 대한 두려움에서 벗어나게 해준다고 고백했다.

흄과 몽테뉴는 이런 자학적 자기 성찰에 동의하지 않을 것이다. 그렇지만 그들이 지금 살아 있다면, 자신들이 주장했던 '유익한 산만함'에 대한 견해를 수정해야 하지 않을까? 갈수록 여유가 사라지고 목표에 대한 강박과 무기력한 게으름 사이에서 갈등하는 세상 속에서 그들은 과연 몽상이니, 자발적 산만함이니, 틀에 얽매이지 않는 자유로운 사고니 하는 것들을 옹호할 수 있을까?

축복이자 저주이며, 일과 놀이를 병행할 수 있게 해주는 컴퓨터는 자동화 프로그램으로 노동의 효율을 높여주기도 하고, 호기심을 유발하는 웹사이트로 우리를 유혹하기도 한다. 그러나 그 때문에 쾌락과 고통, 권태와 자극의 경계는 모호해졌다. 우리는 이 창에서는 제임스 조이스의 『율리시스』를 읽고, 저 창에서는 통계를 보고, 또 다른 창에서는 쇼핑을 하며, 틈틈이 새로 온 이메일 알림을 놓치지 않고 확인한다. 우리는 왜 시간별 날씨 예보나 일간지 부동산 정보에 그토록 연연하는 것일까? 이런 습관은 언제 생겨난 것일까? 컴퓨터 키보드를 너무 능숙하게 다루다 보니, 우리는 이따금 스스로를 위대한 피아니스트로 착각하는 듯하다. 빠른 속도로 키보드를 두드릴 때, 우리는 어떤 일에 완전히 몰두해 구체적인 목표와 예정된 성공을 향해 나아가고 있다고 믿는다.

그리고 그 과정에서 가짜 성취감이라는 기묘한 쾌감을 느낀다. 이는 깊이 몰입하고 집중할 때만 경험할 수 있는 독특한 감정이다. 사무실이나 도서관, 서재 한구석에 앉아 여러 개의 창을 띄운 컴퓨터 화면에 몰두하며 열심히 키보드를 두드릴 때, 우리는 주변과 단절된 채 목표를 향해 나아가고 있다고 느낀다. 적어도 그 순간만큼은 그렇게 착각한다.

그러나 그것은 착각이 아니라고 말할 수도 있다. 우리는 분명 무언가를 '하고 있으니' 말이다. 그러나 그것은 그저 빛 좋은 개살구일 뿐이다. 컴퓨터를 통해 바로 옆에 앉아 있는 사람과도, 지구 반대편에 살고 있는 사람과도 소통할 수 있는 우리는 누군가가 우리를 지켜보고 있다고 느낄 때, 딴짓을 하다가도 순식간에 해야 할 일에 집중한다. 온라인 쇼핑을 하는 모습을 들키고 싶어 하는 사람은 없다. 내면의 작은 목소리가 그런 모습을 들켜서는 안 된다고 우리를 다그친다. 직장에서든 일상에서든, 우리는 부정적인 평가를 받을까 전전긍긍한다. 타인 앞에서 개인이 자아를 연출하는 방식을 연구한 미국 사회학자 어빙 고프먼이 지적한 것처럼, 우리는 언제나 타인에게 좋은 인상을 심어주기 위해 주의를 기울인다(그는 이를 '인상 관리'라 정의했다). 실제로 우리는 늘 타인의 시선을 의식하며 겉으로 드러나는 이미지를 연출한다. 그래서 우리는 상사가 지켜볼 때는 바쁘게 일하는 척을 한다.[64] 그의 분석은 오늘날 우리에게 중요한 시사점을 남긴다. 오늘날 우리는 칸막이로 구분된 사무실에서 팀의 일원이라기보다 혼자 일한다는 느낌을 받는다. 하지만 그 어느 때보다 자신의 의견을 피력하기보다 주어진 업무나 타인의 지시에 따라 행동하는 경우가 많다. 그리고 그 과정은 컴퓨터 화면이라는 비인격적인 매체를 통해 이루어진다.[65] 문자나 전화, 끊임없이 울리는 알람은 집중을 방해하기 일쑤다. 그런 알람 대부분 사소하고 쓸모없지만, 그럼에도 그것은 일상에서 일어나는 크고 작은 사건에 대한 우리의 호기심을 자극한다. 24시간 뉴스 속보가 터져 나오는 텔레비전처럼,

우리의 뇌는 자극적인 정보를 끊임없이 갈망한다. 더구나 많은 정보를 빠르게 소비하는 것이 이제는 당연한 일로 여겨진다.

매일의 일상에서 사람들이 어떻게 자신을 표현하고, 이미지를 관리하는지 관찰한 고프먼의 연구는 공교롭게도 윌리엄 제임스의 주의력 이론을 뒷받침한다. 고프먼은 집중하고 있는 모습을 드러내려는 사람일수록 오히려 자신의 진짜 목적을 숨기려는 것일 수 있다는 의외의 주장을 펼쳤다.

◊

자신이 맡은 배역을 연기하는 배우와 같은 개인은 그 점에서 도덕성을 파는 상인이다. 그는 대외적으로 자신이 드러내고 싶은 이미지에 지속적으로 신경을 쓰고, 그것을 친숙하게 받아들이며, 이는 그들의 사고방식에 깊은 영향을 미친다. 그러나 겉으로 드러나는 자신의 이미지에 지나치게

치중하다 보면 오히려 그 이미지를 믿는 사람들과 점점 더 멀어지는 느낌을 받게 된다.[66]

1956년 출간된 고프먼의 저작에서 발췌한 이 구절은 오늘날 우리에게 묵직한 메시지를 던진다. 그는 친밀한 사회적 관계와 집중에 대한 사람들의 그릇된 인식을 비판했다. 그는 친밀한 관계는 즉흥적이고 피상적인 만남이 아닌 신중한 거리두기와 선택의 자유가 있는 진정성 있는 관계에서 출발한다고 강조했다. 그가 우리에게 전하려는 바는 무엇일까? 느긋하고 신중한 태도를 잃지 말아야 한다는 것? 고통을 기꺼이 감내하는 청교도적 전통으로 돌아가야 한다는 것? 그런데 여기서 한 가지 의문이 생긴다. 일상의 불안감을 잊기 위해 초월적 가치나 희망을 추구하는 대신 가볍고 자극적인 즐거움을 좇는 것이 과연 그렇게 큰 잘못일까? 고프먼이 이런 질문을 받는다면 뭐라고 대답할까? 아마도 그는 자기가 쓰지도 않은 대본을 가지고 연극 무대에 올라 스스로 통제할 수 없는 외부의 압박을 받으며 연기하는 배우처럼 살고 싶다면, 그렇게 해도 괜찮다고 대답할 것이다.

흄이 예찬한 즐거운 놀이와 비교하면, 우리가 추구하는 자극은 그다지 해롭지 않다고 자신 있게 말할 수 있을까? 오늘날 신경과학자들은 그런 자극이 중독적인 온라인 도박과 유사하다고 지적한다. 강렬하고 중독적인 자극은 실제로 뇌의 뉴런들이 활성화되는 방식을 변화시킨다. 장난감이 너무 많아 쉽게 싫증을 내는 버릇없는 아이처럼, 우리의 뇌는 점점 더 만족을 모르고 통제하기 어려운 상태에 이른다. 지속적인 감각의 자극을 받지 못하면 뇌는 불안정해지고, 웬만한 자극에도 반응하지 않게 된다. 그럼에도 흄은 바로 이런 피상적인 불안정성을 추구했고, 이를 통해 더 많은 가능성을 만나고 더 넓은 시야를 가질 수 있다고 주장했다. 그러나 짐작한 대로, 흄이 말한 '멀티태스킹'은 우리의 산만함과는 다른 적극적이고 구체적인 경험이다. 무엇보다도 흄의 산만함은 목적성을 지니고 있었으며, 치유의 효과를 가져다주었다. 이는 베르그송이 말한 무의식적이고 자동화된 습관과는 완전히 다른 것이다. 그럼에도 흄은 베르그송의 이 말에는 고개를 끄덕거렸을 것이다. "우리는 대개 깊이 생각하지 않고 인식을 행동으로 옮긴다."[67]

우리는 왜 처음 어떤 길을 걸을 때는 사소한 지표들이나 랜드마크를 주의 깊게 살펴보다가 시간이 지나고 익숙해지면 그것들에 무관심해지는 걸까? 우리는 왜 강렬했던 '첫 느낌'을 그대로 간직하지 못할까? 놀이를 하거나 친구들과 수다를 떨며 보내는 한가로운 시간은 바로 그런 '첫 느낌'의 특성을 지니고 있다. 그런 관점에서 볼 때, '몸으로 경험하는' 흄의 사유는 목적 없이 떠돌아다니는 유연한 사유가 그렇듯, 틀에 얽매여 있지 않으며 본능적이다. 바로 그 점이 자유롭고 유연한 사고의 매력이다. 흄은 언제나 결국 다시 철학으로 돌아왔지만, 어쨌든 스스로가 선택한 것이었기에 그는 이렇게 말했다.

"미치광이가 되어야 한다면, 사유를 하거나 무언가를 굳게 믿는 이들 모두 '분명' 미치광이일 것이니, 최소한 나의 광기는 자연스럽고 기분 좋은 것이리라!"[68]

오늘날 신경과학자들은 지나친 산만함이 뉴런의 정상적인 기능을 저해한다고 말하지만, 흄은 과도한 집중 역시 뇌에 과부하를 일으킬 수 있다고 반박한다. 엄격한 통제가 요구되는 과도한 집중은 실제로 우리의 사고를 편협하게 하고 자유로운 연상 작용을 방해한다. 특히 과도한 전문화로 우리의 사고가 특정 분야에 편중되면, 다양한 관점으로 세상을 경험할 기회는 날아가 버리고 만다. 따라서 애더럴이나 리탈린과 같이 집중력을 높여준다는 약물은 단기적으로는 효과가 있을지 몰라도, 장기적으로는 오히려 해로울 수 있다. 이러한 약물은 특정 목표를 달성하기 위해 뇌를 효율적으로 작동시키는 데 도움을 줄 수 있지만, 동시에 수동적이고 맹목적인 집중을 유도하여 자유롭고 창의적인 사고를 방해한다. 흄의

관점에서 지나치게 목표 지향적이고 과도한 집중은 우리의 시야를 좁게 하고 정신을 황폐화할 뿐이며, 사고와 행동을 수동적이고 기계적으로 만들어 불확정성과 모호함이 만들어내는 창의적이고 자유로운 사고를 방해한다.

마음 챙김에 관한 최근의 연구들은 몸과 마음의 조화, 집중력 향상, 그리고 현재를 온전히 살아가는 방법 등 다양한 통찰을 제공한다. 그러나 이제는 좀 더 진지하게 제3의 길을 모색할 때가 아닐까 한다. 몽상과 현실, 예술과 삶, 우연과 필연 등 상반되어 보이는 것들이 사실은 서로 깊은 영향을 미치고 있다는 사실을 받아들이는 것이 육체와 정신의 균형을 회복시킬 수 있는 가장 적극적인 방법이기 때문이다. 우리의 사고방식을 재정비하기 위해서는 무엇보다도 유연하고 복잡하며 창의적인 사고를 할 수 있어야 한다. 물론 그렇게 되기까지는 지난한 노력이 요구되지만, 지금 우리가 탐구하고 있는 '유익한 산만함'이라는 독특한 경험은 우리를 틀에 박힌 사고에서 벗어나게 하면서 분명 우리를 또 다른 세계로 안내할 것이다. 어떤 이들은 '유익한 산만함'은 한가한 철학자들이 꿈꾸는 허상이며, 권리가 아닌 특권에 불과하다고 반박할 수도 있다. 그러나 자크 랑시에르는 '유익한 산만함'을 오직 '소수 특권층'의 전유물이라 여기는 회의론자들의 주장에 강력한 반증을 제시했다.

랑시에르는 19세기의 한 목수를 예로 들며, 이 목수가 보기 드문 형태의 유익한 산만함을 실천하면서 일과 놀이, 예술과 의무 사이에서 훌륭한 균형을 이루어냈다고 평가했다. 랑시에르는 이 목수가 몽상하는 방식을 매우 생생하게 묘사했다. 셰익스피어의 작품을 즐기는 방법을 잊어버린 다윈과 달리, 목수는 부지런한 노동자이자 한가로운 몽상가로서 두 가지 삶을 기꺼이 자신에게 허락한다. 목수는 직업적 한계를 뛰어넘어 다양한 경험을 하며 자신의 세계를 확장한다. 그는 하루를 계획할 때, 육체적인 것과 감각적인 것, 집중과 산만함처럼 상반되는 요소들을 균형 있게 조합한다. 일과 휴식의 조화 속에서 그는 여전히 일을 가장 중요하게 여기지만, 동시에 뇌의 다른 부분을 활용해 즐거운 일탈에 빠지기도 한다. 일하는 동안에도 그는 틈틈이 관조와 사색에 잠기며 순수한 즐거움을 맛본다. 랑시에르는 일과 휴식이 조화를 이루는 이런 기술이야말로 게으름을 보다 의미 있는 경험으로 바꿔주는 특별하고 놀라운 의지력이라고 말했다. 1848년 노동자 신문에 실린 이 목수의 말을 들어보자. 특이하게도 그는 자기 자신과 거리를 두면서(고프먼이 말한 "신중한 거리두기"), 제3자의 관점으로 자기 형에게 생각을 전한다.

◊

그곳이 자기 집이라고 생각하는 그는 아직 마루가 다 깔리지 않은 방을 어떻게 배치할지 곰곰이 생각하는 것을 즐긴다. 또한 그림 같은 풍경이 펼쳐지는 정원 쪽으로 창이 열려 있으면, 하던 일을 잠시 멈추고 상상 속에서 그 넓은 풍경을 날아다니며 정원 근처에 사는 사람들보다 더 깊이 있게

풍경을 만끽한다.[69]

목수는 일을 하다가도 그것을 잠시 내려놓을 줄 아는 사람이다. 그는 물리적으로는 가닿을 수 없는 세계를 상상 속에서 경험한다. 그는 상상력을 통해 자신의 현실을 확장하고 풍성하게 만든다. 그렇게 그는 자신만의 방식으로 현실을 재구성한다. 이 지점에서 소유는 감각의 문제가 된다. 즉 소유한다는 것은 단순히 무언가를 '가지고 있는 것'이 아니라, 그것을 감각적으로 느끼고 경험하는 법을 아는 것이다. 그렇게 함으로써 그는 자신의 처지, 세상의 성공과 실패에서 완전히 벗어나 마침내 창문 너머로 보이는 광경을 황홀하고 아름다운 풍경화로 바꾸어놓는다. 바로 거기에 내적 해방으로 가는 길이 있다.

이 19세기 목수의 양면적인 삶은 우리에게 무엇을 가르쳐줄까? 일을 하면서 잠시 다른 생각에 빠지는 것이 반드시 나쁜 것만은 아니라는 것? 그런 산만함이 오히려 상상력과 창의력을 자극해 실제 작업에 긍정적인 영향을 미칠 수 있다는 것? 그렇다면 우리는 왜 이런 양면적인 삶을 집중과 산만함의 충돌, 특권층과 빈곤층의 대립으로만 바라볼까? 랑시에르는 이런 이분법적 대립을 새롭게 정의했다. 그는 시간과 공간의 경계를 허물고, 지각되고 경험되는 감각의 형식을 분리함으로써 "불일치dissensus"를 만들어내야 한다고 말했다. 달리 말해 그는 기존의 "능력과 무능력"이라는 개념을 거부하고, "감각적 경험을 새로운 방식으로 재구성"[70]해야 한다고 주장했다. 그는 일과 놀이, 선형적 사고와 비선형적 사고의 경계를 허물고 집중과 산만함이 공존하는 가운데 평범한 일상을 독특하고 창의적으로 경험할 수 있어야 한다고 말했다.

이 모든 것에서 우리가 깨달아야 할 것은, 산만함을 극복하려고 과도하게 에너지를 낭비하기보다 그 속에 숨겨진 가능성을 발견하는 데 더욱 관심을 가져야 한다는 것이다. 우리는 정신적 혼란이나 시련, 심지어 자발적으로 수용하는 권태 속에서 틀에 박힌 논리적 사고로는 결코 얻을 수 없는 만족감을 얻을 수 있다. 산만함을 갈망한다고 해서 그것이 곧 시간 낭비를 의미하는 것은 아니다. 미국 시인 앤 라우터바흐의 시 「집에 이름을 붙인다는 것 Naming the House」은 집중과 효율의 강요에 저항하면서 한눈에 보기엔 무위의 공간처럼 보이지만 사실 무한한 가능성과 잠재력을 내포한 공간에 대한 갈망을 드러낸다.

◊

작은 땅 위를 한가롭게 거닐고 있는 그녀는

생각들이 여기저기로 흩어지기를 바라니,

모든 것이 밤새 내린 눈에 뒤덮여

지워지고 또 지워지기를.

그녀는 감각에 속박당한 고요한 세계를

찬찬히 살핀다

그녀의 호기심은 어떤 예감 같은 것,

사물들이 결국 허무하게 사라진다는 것을 알고,

그것들에 이름을 붙여 내 것으로 만드는 기쁨을 아는 것.[71]

산만함을 갈망하고 그것을 기꺼이 수용하며 진정한 의미를 깨닫는다면, 우리는 목표 지향적인 편협한 사고에서 벗어나 사고의 지평을 넓힐 수 있다. 산만함을 긍정적으로 받아들이는 것과 단순히 산만함에 휘둘리는 것은 전혀 다른 문제다. '유익한 산만함'은 즉각적인 만족처럼 뇌의 시냅스를 자극하지 않지만, 오히려 주의력을 향상시키는 데 도움을 준다. 가스통 바슐라르는 천천히, 신중하게 행동하고 생각하면서 내면의 사유와 외부의 자극이 조화를 이룰 수 있게 해야 한다고 말했다. 그는 "어떤 낱말에 담긴 시적인 아름다움과 깊은 의미를 헤아리려면 천천히 사유하는 법"[72]을 배워야 한다고 강조했다. 깊은 사유를 하기 위해서는 미시적 세계에서 거시적 세계로 나아가야 한다고 주장한 바슐라르는 내면의 변화를 일으키는 중요한 원동력은 이 세상이 아닌 낱말이라고 말했다. 처음에 낱말 하나는 아무런 의미를 만들어내지 못한다. 그러나 시간이 지나면서 어디서 시작되었는지 모를 낱말들이 점차 연결되기 시작한다. 그리고 우리가 한자리에 가만히 머물며 존재하는 음절들에 주의를 기울이면, 우리는 이내 익숙한 현실에서 벗어나게 된다. 그 후, 음절들은 깊은 곳에 묻혀 있던 생각들과 다시 연결되어 영역을 확장하고 과거와 현재, 육체와 정신을 이어준다. 그리고 마침내 우리는 미국 시인 존 애시베리가 "주의를 기울인 대가로 주어지는 보상"이라고 표현한 "눈부신 통찰"[73]의 순간을 경험한다.

미국 시인 에이드리엔 리치는 상상력에서 시작되는 혼란을 긍정적으로 받아들이고, 산만함이 가져오는 새로운 형태의 보상, 그 숨겨진 보물을 발견할 수 있어야 한다고 말했다. 그는 "미리 정해진 계획이 아니라, 뒤죽박죽 얽힌 자기만의 견해와 상상력 속에서, 언어를 통해 타인과 시각적 또는 촉각적으로 접촉하면서"[74] 창의적이고 유연한 사고를 할 수 있게 되며, 이것이 바로 산만함이 주는 보상이라고 역설했다. 무언가를 읽고, 듣고, 바라보면서 산만함과 집중, 몰입과 거리두기라는 상반된 두 방식을 모두 수용할 때, 시공간에 대한 우리의 인식은 근본적으로 변화하고 확장된다. 그렇다면 이제부터라도 쓸데없는 시간 낭비라고 여겨지는 산만함과 몽상을 긍정적으로 받아들이고, 그것이 주는 기쁨과 고통을 경험해 보면 어떨까? 결코 늦지 않았다.

감사의 말

우선 너무나 훌륭한 편집자 막심 카트루에게 감사를 전한다.
이 책은 클로틸드 메예르의 뛰어난 번역과 오딜 칠튼의 탁월한
편집 덕분에 새롭게 태어날 수 있었다. 프랑스어 번역판 표지
디자인을 맡아준 샤를 아멜린과 예술적 감각으로 이 책을
빛나게 해준 지미 라스킨에도 깊은 감사를 전한다. 또한 미구엘
아브루, 더프 알렌, 마샤 벨렌키, 엘로이즈 빌레트, 패트릭
브레이, 가브리엘라 캐리온, 네스토 캐리온, 클레어 카바나흐,
오딜 칠튼, 마크 코엔, 올리비아 커스터, 나탈리 데이비드
웨일, 폴린 드 톨로자니, 토니 하우암, 데보라 젠슨, 톰 키난,
앤 로터바흐, 콜레트 말랑뎅, 메드리 맥피, 이본 마르길리,
수전 메리엄, 캐롤린 시루키, 카롤 소드조, 모나 심프슨,

롭 클레어, 이안 스메들리, 에릭 트루델, 레이철 발린스키, 바네사 반 줄리엔, 사라 왓슨, 토머스 와일드, 그리고 플로렌스 올로호얀에게도 감사를 전한다. 그리고 마지막으로 이 책에 처음으로 지지를 보내준 캐서린 피커드에게 감사의 마음을 전한다.

미주

1 니콜라스 카는 『생각하지 않는 사람들: 인터넷이 우리의 뇌 구조를 바꾸고 있다』에서 '파퓰러 패시지'에 대해 상세히 논했다.

2 위의 책. 니콜라스 카에 따르면, 구글의 소프트웨어 엔지니어 디에고 푸핀은 이렇게 말했다고 한다. "이탈리아 미술에 대한 정보를 찾고자 한다면, 구글 인덱스가 르네상스 시대에 관한 여러 권의 책들로 당신을 안내할 것이다. 그런 다음, 가장 자주 사용되는 태그 클라우드를 통해 각 책이 다루고 있는 내용을 정확하게 파악해 보라. 예를 들어, 『르네상스』라는 책은 미학과 관련된 주제(아름다움의 의미, 그리스 모델, 예술의 수정 등)를 중심으로 다루지만, 『르네상스 예술』이라는 책은 예술계에서 활동한 후원자(의뢰인, 후원자, 가족 등)에 더 집중한다. 이 책들의 내용을 10초만 훑어보면, 당신은 어떤 책을 선택해서 읽어야 할지 쉽게 결정할 수 있을 것이다. 즐거운 독서 되시길!"

디에고 푸핀, 〈10초 만에 책 한 권 탐색하기〉, 구글 북스 서치, 2009년 7월 10일 자. http://booksearch.blogspot.com/2009/06/explore-book-in-10-seconds.html. 참조.

3 위의 책. 니콜라스 카는 푸핀에 대해 다음과 같이 유감을 표했다. "구글의 세계에서는 진지한 독서에서 얻을 수 있는 평온한 사색이나 목적 없는 사유를 할 수 있는 여유의 공간이 없다고 해도 과언이 아니다. 그곳에서 모호함은 새로운 사유로 이끄는 열린 문이 아니라 수정해야 할 버그일 뿐이다. 또한 인간의 뇌는 더 빠른 프로세서와 더 큰 용량의 하드 드라이브를 필요로 하는 구식 컴퓨터에 불과하다."

4 T. S. 엘리엇, 「번트 노튼」, 『사중주 네 편』

5 찰스 다윈, 『나의 삶은 서서히 진화해왔다』

6 윌리엄 제임스, 「습관의 법칙들」, 『선생님이 꼭 알아야 할 심리학 지식』

7 엘리자베스 굿스타인Elizabeth Goodstein의 『도움이 되지 않는 경험: 지루함과 모더니티Experience Without Qualities: Boredom and Modernity』에서 인용한 표현으로, 이 책은 지루함의 기원과 그 변천사를 다룬 중요한 저작으로 꼽힌다. 스탠퍼드대학교출판부, 2005.

8   폴 노스Paul North는 해당 주제에 대해 색다른 관점을 제시했다. 그는 인간이 "분산"과 "산만함"을 통해 더 고차원적인 능력에 도달할 수 있다고 말했다.

"하이데거는 산만해지는 존재, 즉 현존재는 자신의 근본에 대해 사유하는 자유를 누린다고 말했다. 또한 베냐민은 새로운 매체가 인간의 내적 산만함을 부추겨 예술의 정치화를 이끌어낸다고 주장했다. 인간의 본성을 이해하는 데 도움을 준 두 철학자는 인간의 가장 고차원적인 능력은 인식을 통합하는 능력이 아니라 그것을 주기적으로 해체하는 능력이라고 지적했다."

『산만함의 문제The Problem of Distraction』, 스탠퍼드대학교 출판부, 2012.

9   알베르 피에트Albert Piette, 『실존적 인류학Anthropologie existentiale』, 페트라, 2009.

10 알랭 카이에Alain Caillé, 『행위의 반反공리주의적 이론 Théorie anti-utilitariste de l'action』, La déouverte, 2009.

11 알베르 피에트, 『실존적 인류학』, 페트라, 2009.

12 니콜라스 카는 이렇게 썼다. "모든 산만함이 나쁜 것은 아니다. 대부분의 사람이 경험했겠지만, 어려운 문제에 지나

치게 집중하다 보면 정신적으로 한계에 부딪힐 수밖에 없다. 우리의 사고는 편협해지고, 새로운 아이디어를 얻으려 애쓰지만 아무런 소용이 없다. 하지만 그 문제에서 잠시 벗어나 다른 일을 하거나 하룻밤 자고 다시 돌아가면, 대개 새로운 관점을 얻게 되고 창의력이 폭발하는 경험을 하게 된다."

니콜라스 카, 『생각하지 않는 사람들』

13 윌리엄 제임스, 「주의」, 『선생님이 꼭 알아야 할 심리학 지식』

14 위의 책.

15 미셸 드 몽테뉴, 『수상록』

16 위의 책.

17 위의 책.

18 "게으름은 산만함이나 놀이의 전 단계로 간주된다. 그것은 자의적으로 잇따라 일어나는 감각을 오롯이 만끽할 수 있는 상태라 할 수 있다."

발터 베냐민, 『아케이드 프로젝트』

19 데이비드 흄David Hume, 「예술의 정묘함에 대하여Of Refinement in the Arts」, 『에세이 선집Selected Essays』, 옥스퍼드대학

교출판부, 1993.

20 자크 랑시에르Jacques Rancière,「미학적 차원: 미학, 정치, 그리고 지식The Aesthetic Dimension: Aesthetics, Politics, Knowledge」,《크리티컬 인콰이어리Critical Inquiry》, 2009.

21 데이비드 흄,「예술의 정묘함에 대하여」,『에세이 선집』, 옥스퍼드대학교출판부, 1993.

22 빌 브라운Bill Brown,『그 밖의 것들Others things』, 시카고대학교출판부, 2015.

시카고대학교 영어영문학과 교수 빌 브라운은 이런 감각의 상실을 기록하는 데 그치지 않고, 사물 자체의 고유한 특성을 회복시키려는 작업에 천착했다. 유익한 산만함을 옹호하는 그는 사물의 용도를 의도적으로 바꾸어볼 것을 권한다. 그는 사물에 새로운 역할이 부여될 때, 습관에 의해 잊히거나 무의미해진 것들이 새로운 방식으로 쓰이면서 다시 주목을 받고 그 가치가 되살아날 수 있다고 말했다.

23 미셸 드 몽테뉴,『수상록』

24 버지니아 울프,『자기만의 방』

"그림을 그리는 일은 소득 없는 오전 작업을 마무리하는 방법으로는 게으른 것이었지요. 그렇지만 우리 의식 속에 가라앉아 있는 진실은 때때로 게으름 속에서, 몽상 속에서 모습을 드러내기도 합니다."

25 버지니아 울프, 『등대로』

26 위의 책.

27 미셸 드 몽테뉴, 『수상록』

28 데이비드 실베스터, 『나는 왜 정육점의 고기가 아닌가?: 프랜시스 베이컨과의 25년간의 인터뷰』

"이 문제에 관한 더 심층적인 논의는 스벤 스피커Sven Spieker의 『극단적인 수동성: 질 들뢰즈의 감각으로 바라본 베이컨의 그림들Gilles Deleuze on Inert Motion in Francis Bacon's Painting』 참조."

29 질 들뢰즈, 『감각의 논리』

30 프리드리히 니체, 『도덕의 계보』

31 프리드리히 니체, 『차라투스트라는 이렇게 말했다』

32 롤랑 바르트Roland Barthes, 『중립: 바르트의 콜레주 드 프랑스 강의The Neutral: Lecture Course at the College de France (1977~1978)』, 컬럼비아대학교출판부, 2007.

"그것은 주체가 세상의 오만과의 접촉을 최소화하려는 행동 양식이지 세상이나 감정, 사랑 등과 접촉하지 않으려 하는 것이 아니다. 따라서 여기에는 윤리적 최소주의가 있을 수 있지만, 미학적이거나 감정적인 최소주의는 결코 있을 수 없다."

33 가스통 바슐라르, 『공간의 시학』

34 니콜라스 카, 『생각하지 않는 사람들』

니콜라스 카는 인터넷이 제공하는 상호작용은 우리를 "지극히 사소한 사회적, 지적 자극이라도 얻기 위해 끊임없이 지렛대를 눌러대는 실험용 쥐로 전락시킨다"라고 지적한다.

35 질 클레멘츠Jill Krementz, 『작가의 책상The Writer' Desk』, 랜덤하우스, 1996.

이 책을 참고하라고 일러준 더프 알렌에게 감사를 전한다.

36 엘리사 마더Elissa Marder, 『무위의 시간: 근대성의 결과로 발생한 시간의 혼란Dead Time: Temporal Disorders in the Wake of Modernity』, 스탠퍼드대학교출판부, 2001.

반드시 참고해야 할 이 책은 근대성의 출현과 함께 나타난 시간의 혼란을 탐구한다. 권태에 관한 그의 분석은 시간성이 더 이상 경험의 영역에 통합되지 않을 때 어떤 심리적 혼란이 발생하는지 보여준다.

37 프리드리히 니체, 『아침놀』

38 미셸 드 몽테뉴, 『수상록』

39 쇠렌 키르케고르, 『이것이냐 저것이냐』

40 위의 책.

41 위의 책.

42 위의 책.

43 알랭 코르뱅Alain Corbin, 『여가의 탄생L'Avenement des loisirs』

44 조너선 에드워즈, 『신앙감정론』

45 르네 데카르트, 『성찰』

46 위의 책.

47 위의 책.

48 매슈 크로퍼드, 『당신의 머리 밖 세상: 몰입을 방해하는 시대에 대한 보고서』

49 조너선 크레리, 『지각의 정지: 주의·스펙터클·근대문화』

50 매기 잭슨, 『산만함의 탄생: 생각하는 법을 잃어버린 사람들』 잭슨은 이 고립과 연결을 다음과 같이 표현한다. "우리는 자신의 맥박처럼 끊임없이 변화하는 자신만의 궤도를 따라가며, 자신만의 세상에서 살아가고, 각기 다른 메뉴에서

음식을 고르고, 자신의 침실을 기반으로 한 미디어 센터에 연결된 채 살아간다."

51 나탈리 데프라Natalie Depraz, 『인식의 과정: 경험의 실용주의On Becoming Aware: A Pragmatics of Experiencing』
나탈리 데프라는 우리가 타인의 영향을 받는 방식은 즉각적이지 않다고 주장했다. 데카르트가 말했던 것처럼, 그 역시 게으름은 우리의 본성이며 집중은 직관에 반하는 노력이 필요하다고 지적했다.

52 3세기가 지난 후, 현상학에서는 '에포케epoché'의 개념을 제시하며 이 이론을 발전시켰다. 에포케란 경험하는 대상을 있는 그대로 바라보기 위해 모든 판단이나 믿음을 잠시 멈추는 것을 의미한다. 데카르트의 이원론과 현상학에서 현상들을 탐구하는 과정에서 중요한 것은 산만한 자신의 생각을 통제하고, 집중을 기울이는 데 필요한 노력을 기울이는 주체가 자신의 의지를 실행하는 데 있다. 데프라가 보여준 것처럼, 주체는 자신의 의지를 동원해 결국 집중한다는 것 자체에 집중한다.

53 장 자크 루소, 『고독한 산책자의 몽상』

54 데이비드 에드먼즈, 존 에이디노, 『루소의 개: 18세기 계몽

주의 살롱의 은밀한 스캔들』

55 버트런드 러셀,『러셀 서양철학사』

56 윌리엄 제임스William James,「주의」,『선생님이 꼭 알아야 할 심리학 지식』

57 데이비드 흄,『인간이란 무엇인가』

58 프리드리히 실러,『프리드리히 실러의 미적 교육론』

59 에드워드 콜린 체리E. Colin Cherry,「한쪽 귀와 양쪽 귀가 음성을 인식하는 방식에 대한 실험」,《미국 음향 학회 저널 The Journal of the Acoustical Society of America》

60 블레즈 파스칼,『팡세』

61 마르틴 하이데거,『형이상학의 근본개념들: 세계-유한성-고독』

62 얀 슬라비Jan Slaby,『환경에 의해 형성되는 습관: 인식의 다른 측면들Habitus in Habitat II: Other Sides of Cognition』

63 성 아우구스티누스,『고백록』

64 어빙 고프먼,『자아 연출의 사회학: 일상이라는 무대에서 우리는 어떻게 연기하는가』

"무엇보다도 중요한 것은 생활 속에서 보이는 한 개인의 그릇된 인상이 일상의 역할을 위협할 수 있다는 것이다. 한 개인의 활동 영역에서 그에 대한 신뢰할 수 없는 인상은 그가 아무것도 숨기지 않는다 해도, 또 다른 활동 영역에서 의구심을 불러일으킬 수밖에 없다."

65 니킬 서발, 『큐브, 칸막이 사무실의 은밀한 역사』
66 어빙 고프먼, 『자아 연출의 사회학: 일상이라는 무대에서 우리는 어떻게 연기하는가』
67 앙리 베르그송, 『물질과 기억』
68 데이비드 흄, 『인간이란 무엇인가』
69 자크 랑시에르Jacques Rancière, 『불일치: 정치와 미학에 대하여Dissensus: On Politics and Aesthetics』
70 위의 책.
71 앤 라우터바흐Ann Lauterbach, 『기억하기 이전Before Recollection』
72 가스통 바슐라르, 『공간의 시학』
73 존 애시베리John Ashbery, 『산문집Selected Prose』
74 에이드리엔 리치Adrienne Rich, 『시와 정치에 관한 생각What Is Found There: Notebooks on Poetry and Politics』

사진 출처

- 18쪽 | Unsplash, Sorin basangeac
- 24쪽 | Unsplash, Eagan hsu
- 30쪽 | Unsplash, Peter thomas
- 50-51쪽 | Pixabay, wsilvasjb
- 68-69쪽 | Unsplash, Vladyslav Tobolenko
- 80-81쪽 | Pixabay, MabelAmber
- 86쪽 | Unsplash, Eagan hsu
- 110-111쪽 | Pixabay, dimitrisvetsikas1969
- 120쪽 | Unsplash, ERuan richard rodrigues
- 128-129쪽 | Pixabay, guvo59
- 136-137쪽 | Pixabay, falellorente

지은이 **머리나 밴줄렌** Marina Van Zuylen

프랑스 태생으로 현재 미국 뉴욕 바드대학에서 비교 문학 교수로 재직 중이다. 하버드대학교, 컬럼비아대학교, 프린스턴대학교 등에서 수많은 학생을 가르쳤다. 소외된 성인을 위한 무료 대학 과정인 인문학 클레멘테 과정 clemente.bard.edu의 전국 학술 책임자를 맡아서 2014년 오바마 대통령으로부터 국가 인문학 훈장을 받았다. 어느 날 인문학 수업을 준비하던 머리나 밴줄렌에게 한 학생이 찾아온다. 학생은 ADHD로 인해 여덟 살 때부터 약을 복용했고, 그래서 늘 과도한 집중 상태에 놓이게 되었다고 말한다. 그리고 오래전부터 시를 읽고 싶었다고, 하지만 예술을 온전히 즐기지 못하는 자신이 원망스럽다고 고백한다. 그 학생과의 대화가 머리나 밴줄렌의 마음에 오래 남았다. 결국 그는 '유익한 산만함'이라는 개념을 만들어 천천히 사유하는 태도를 예찬하는 『창조적 영감에 관하여』를 집필했다.

어느 때보다 집중하지 못하는 자신을 자책하는 시대다. 하지만 머리나 밴줄렌은 목표를 향해 전속력으로 질주하기보다 그 과정에 깃든 순간순간의 아름다움을 감각하라고 말한다. 이 책은 니체, 몽테뉴, 프루스트, 데카르트, 버지니아 울프, T. S. 엘리엇, 프랜시스 베이컨 등 독보적 지성과 남다른 예술 감각을 보여준 이들의 말과 작품을 통해 우리가 일상에서 소소한 기적을 마주할 수 있도록 돕는다. 늘 생산성을 끌어올리기 위해 몰두했다면, 오늘은 모든 일을 잠시 내려두고 느린 걸음으로 산책하며 자유롭게 몽상하길 바란다.

·

옮긴이 **박효은**

프랑스어를 한국어로, 한국어를 프랑스로 옮기는 일을 한다. 현재는 바른번역에서 번역 작업을 이어가고 있다. 옮긴 책으로 『바보의 세계』, 『오징어 게임 심리학』, 『지옥』, 『숲속의 철학자』, 『세상 친절한 이슬람 역사』, 『평범하여 찬란한 삶을 향한 찬사』, 『철학의 쓸모』, 『에세-좋은 죽음에 관하여』 등이 있다.

창조적 영감에 관하여

천천히 사유할 때 얻는 진정한 통찰의 기쁨

초판 1쇄 인쇄 2025년 5월 22일
초판 2쇄 발행 2025년 7월 11일

지은이 머리나 밴줄렌
옮긴이 박효은
펴낸이 김선식

부사장 김은영
콘텐츠사업본부장 임보윤
책임편집 장종철 **책임마케터** 지석배
콘텐츠사업8팀장 전두현 **콘텐츠사업8팀** 김민경, 장종철, 임지원
마케팅2팀 이고은, 양지환, 지석배
미디어홍보본부장 정명찬 **브랜드홍보팀** 오수미, 서가을, 김은지, 이소영, 박장미, 박주현
채널홍보팀 김민정, 정세림, 고나연, 변승주, 홍수경
영상홍보팀 이수인, 염아라, 김혜원, 이지연
편집관리팀 조세현, 김호주, 백설희 **저작권팀** 성민경, 이슬, 윤제희
재무관리팀 하미선, 임혜정, 이슬기, 김주영, 오지수
인사총무팀 강미숙, 이정환, 김혜진, 황종원
제작관리팀 이소현, 김소영, 김진경, 이지우, 황인우
물류관리팀 김형기, 김선진, 주정훈, 양문현, 채원석, 박재연, 이준희, 이민운
외부스태프 디자인 강경신 **본문** 박아형

펴낸곳 다산북스 **출판등록** 2005년 12월 23일 제313-2005-00277호
주소 경기도 파주시 회동길 490
전화 02-702-1724 **팩스** 02-703-2219 **이메일** dasanbooks@dasanbooks.com
홈페이지 dasan.group **블로그** blog.naver.com/dasan_books
종이 스마일몬스터 **인쇄 및 제본** 상지사

ISBN 979-11-306-6689-1 (03100)

· 파본은 구입하신 서점에서 교환해드립니다.
· 이 책은 저작권법에 의하여 보호를 받는 저작물이므로 무단 전재와 복제를 금합니다.

다산북스(DASANBOOKS)는 독자 여러분의 책에 관한 아이디어와 원고 투고를 기쁜 마음으로 기다리고 있습니다.
책 출간을 원하는 아이디어가 있으신 분은 다산북스 홈페이지 '원고투고'란으로 간단한 개요와 취지, 연락처 등을
보내주세요. 머뭇거리지 말고 문을 두드리세요.